西花廳的海棠花又盛開了，
看花的主人已經走了。

海棠花開的時候，叫人那麼喜愛，
但是花落的時候，它又是靜悄悄的，花瓣落滿地。

你又不在了，可是每到海棠花開放的時候，
常常有愛花的人來看花。

——鄧穎超

大型畫冊
《開滿海棠花的院落——永遠的周恩來》

書名題字：于永波

總 監 製：周秉德

總 顧 問：周秉德　高振普　廖心文

總 策 劃：廖毅文

總 撰 稿：廖毅文

主 撰 稿：劉　釗　王　壯　蔣崇競

照片提供：淮安周恩來紀念館　周秉德　沈　清　等

照片作者：呂厚民　候　波　徐肖冰　杜修賢　吳印咸　等

風光攝影：廖毅文

責任編輯：洪巧靜　全毅宇

裝幀設計：楊杏怡　李敏聰

目 錄

從西花廳海棠花憶起

鄧穎超

　　春天到了，百花競放，西花廳的海棠花又盛開了。看花的主人已經走了，走了12年了，離開了我們，他不再回來了。你不是喜愛海棠花嗎？解放初期，你偶然看到這個海棠花盛開的院落，就愛上了海棠花，也就愛上了這個院落，選定這個院落，到這個盛開著海棠花的院落來居住。你住了整整26年，我比你住得還長，到現在已經38年了。

　　海棠花現在依舊開得鮮豔，開得漂亮，招人喜愛。它結的果實味美，又甜又酸，開白花的結紅海棠，開紅花的結黃海棠，果實累累，掛滿枝頭，真像花果山。秋後在海棠成熟的時候，大家就把它摘下來吃，有的把它做成果子醬，吃起來非常可口。你在的時候，海棠花開，你白天常常在繁忙的工作之中，抽幾分鐘散步觀賞；夜間你工作勞累了，有時散步站在甬道旁的海棠樹前，總是抬著頭看了又看，從它那裡得到一些花的美色和花的芬芳，得以稍稍休息，然後又去繼續工作。你散步的時候，有時約我一起，有時和你身邊工作的同志們一起。你看花的背影，仿佛就在昨天，就在我的眼前。我們在並肩欣賞我們共同喜愛的海棠花，但不是昨天，而是在 12 年以前。12 年已經過去了，這 12 年本來是短暫的；但是，偶爾我感到是漫長漫長的。

海棠花開的時候，叫人那麼喜愛，但是花落的時候，它又是靜悄悄的，花瓣落滿地。有人說，落花比開花更好看。龔自珍在《己亥雜詩》裡說：“落紅不是無情物，化作春泥更護花。”你喜歡海棠花，我也喜歡海棠花。你在參加日內瓦會議的時候，我們家裡的海棠花正在盛開，因為你不能看到那年盛開著的美好的花朵，我就特意地剪了一枝，把它壓在書本裡頭，經過鴻雁帶到日內瓦給你。我想你在那樣繁忙的工作中間，看一眼海棠花，可能使你有些回味和得以休息，這樣也是一種享受。

你不在了，可是每到海棠花開放的時候，常常有愛花的人來看花。在花下樹前，大家一邊賞花，一邊緬懷你，想念你，仿佛你仍在我們中間。你離開了這個院落，離開它們，離開我們，你不會再來。你到哪裡去了啊？我認為你一定隨著春天溫暖的風，又踏著嚴寒冬天的雪，你經過春風的吹送和踏雪的足跡，已經深入到祖國的高山、平原，也飄進了黃河、長江，經過黃河、長江的運移，你進入了無邊無際的海洋。你，不僅是為我們的國家，為我們國家的人民服務，而且你為全人類的進步事業，為世界的和平，一直在那裡跟人民並肩戰鬥。

當你告別人間的時候，我了解你。你是憂黨、憂國、憂民，把滿腹憂恨埋藏在你的心裡，跟你一起走了。但是，你沒有想到，人民的力量，人民的覺醒，我們黨的中堅優秀領導人，很快就一舉粉碎了“四人幫”。“四人幫”粉碎之後，祖國的今天，正在開著改革開放之花，越開越好、越大、越茁壯，正在結著豐碩的果實，使我們的國家繁榮昌盛，給我們的人民帶來幸福。

曾記否？遙想當年，我們之間經過鴻雁傳書，我們之間的鴻雁飛過歐亞大陸，越過了海洋，從名城巴黎，到渤海之濱的天津。感謝綠衣使者把書信送到我們的手裡。有一次，我突然接到你寄給我的印有李卜克內西和盧森堡像的明信片，你在明信片上寫了“希望我們兩個人，將來也像他們兩個人那樣，一同上斷頭台”這樣英勇的革命的誓言。那時我們都加入了無產階級先鋒隊的行列。宣誓的時候，我們都下定決心，願為革命而死，灑熱血、拋頭顱，在所不惜。

我們之間的書信，可以説是情書，也可以説不是情書，我們信裡談的是革命，是相互的共勉。我們的愛情總是和革命交織在一起，因此，我們革命幾十年，出生入死，艱險困苦，患難與共，悲喜分擔，有時戰鬥在一起，有時分散兩地，無畏無私。在我們的革命生涯裡，總是堅定地、泰然地、沉著地奮鬥下去。我們的愛情，經歷了幾十年也沒有任何消減。

革命的前進，建設的發展，將是無限光明的、美好的。一百多年來，特別是中國共產黨成立以後，我們無數的英雄兒女和愛國革命志士，為了挽救祖國，建設新中國，被敵人的屠刀、槍彈殺害。他們的忠骨埋在祖國一處處青山下，他們的鮮血染紅了祖國的大地山河。在我們黨的鮮豔的鐮刀斧頭紅旗上，在我們的五星國旗上，有他們血染的風采。無數的戰士倒下了，我們這些倖存者，為繼承他們沒有完成的事業，雙肩上的任務很重很重。恩來同志，有外賓問你，你哪裡來的這麼充沛的精力去工作？你説：一想到我們死去的那些烈士，我們親密的戰友們，就有使不完的勁，要加倍地努力工作，全心全意地為人民服務。這也激勵著我，使我無限振奮。我要老驥伏櫪，志在千裡，烈士暮年，壯心不已，把我有生的餘力和餘熱，更好地為人民多服一點務。

你和我原不相識，姓名不知。1919年，在我國掀起了五四愛國運動，反帝、反封建、反賣國賊，要救亡圖存。這是以學生為中心的包括工農商的舉國上下的最廣泛的一次偉大愛國運動，反對簽訂凡爾賽和約。就在這次運動高潮中，我們相見，彼此都有印象，是很淡淡的。在運動中，我們這批比較進步的學生，組織了“覺悟社”。這時候，我們接觸得比較多一點。但是，我們那時都要做帶頭人。我們“覺悟社”相約，在整個運動時期，不談戀愛，更談不到結婚了。那個時候，我聽説你主張獨身主義，我還有個天真的想法，覺得我們這批朋友能幫助你實現你的願望。我是站在這樣一種立場上對待你的。而我那時對婚姻抱著一種悲觀厭惡的想法：在那個年代，一個婦女結了婚，一生就完了。所以在我上學的時候，路上遇到結婚的花轎，覺得這個婦女完了，當時就沒有考慮結婚的問題。這樣，我們彼此之間，都是非常自然的，沒有任何別的目的，只是為著我們共同的鬥爭，發揚愛國主義，追求新思潮，追求進步。就是這樣的，沒有任何個人的意思，沒有任何個人目的的交往，發展起來。我們建立起來的友情，是非常純正的。我不曾想到，在我們分別後，在歐亞兩個大陸上，在通信之間，我們增進了了解，增進了感情，特別是我們都建立了共同的革命理想，要為共產主義奮鬥。三年過去，雖然你寄給我的信比過去來得勤了，信裡的語意，我滿沒有在心，一直到你在來信中，把你對我的要求明確地提出來，從友誼發展到相愛，這時我在意了，考慮了。經過考慮，於是我們就定約了。但是，我們定約後的通信，還是以革命的活動、彼此的學習、革命的道理、今後的事業為主要內容，找不出我愛你、你愛我的字眼。你加入了黨，我加入了共產主義青年團，我們遵守黨的秘密，互相沒有通報。我們的思想受了國際、國內新思潮的影響，我們彼此走上了共同的道路，這使我們的感情不只是個人的相愛，而是上升到為革命、為理想共同奮鬥，這是我們能夠相愛的最可靠的基礎；而且，我們一直是堅持把革命的利益、國家的利益、黨的利益放在第一位，而把個人的事情、個人的利益放在第二位。我們在革命征途上是堅定的，不屈不撓的，不管遇到任何艱難險阻，都是勇往直前地去奮鬥，不計個人的得失，不計個人的流血犧牲，不計夫婦的分離。

我們是經過這三年時間，有選擇地確定了我們的相愛關係，又經歷了三年的考驗，一直等到黨中央調你回國，才在我們兩地黨的組織的同意下，我從天津到廣州，於 1925 年的 8 月結婚了。當時我們要求民主，要求革新，要求革命，對舊社會一切的封建束縛、一切舊風習，都要徹底消除。我們那時沒有可以登記的地方，也不需要什麼證婚人、介紹人，更沒有講排場、講闊氣，我們就很簡單地，沒有舉行什麼儀式，住在一起。在革命之花開放的時候，我們的愛情之花並開了。

你的侄輩讓你講你我的戀愛故事，你曾說，就是看到我能堅持革命。我也看到你這一點。所以，我們之間誰也沒有計較誰的相貌，計較性格有什麼差異，為共產主義的理想奮鬥，這是最可靠的長期的相愛的基石和保證。我與你是萍水相逢，不是一見傾心，更不是戀愛至上。我們是經過無意的發展，兩地相互通信的了解，到有意的、經過考驗的結婚，又經過幾十年的戰鬥，結成這樣一種戰友的、伴侶的、相愛始終的、共同生活的夫婦。把我們的相愛溶化在人民中間，溶化在同志之間，溶化在朋友之間，溶化在青年兒童一代。因此，我們的愛情生活不是簡單的，不是為愛情而愛情，我們的愛情是深長的，是永恆的。我們從來沒有感覺彼此有什麼隔閡。我們是根據我們的革命事業、我們的共同理想相愛的，以後又發現我們有許多相同的愛好，這也是我們生活協調、內容活躍的一個條件。

每當我遙想過去，浮想聯翩，好像又回到我們的青年時代，並肩戰鬥的生活中去，心潮澎湃，久久不能平靜。我現在老了，但是我要人老心紅，志更堅，生命不息，戰鬥不止，努力為人民服務。

同志、戰友、伴侶，聽了這些你會含笑九泉的。

我寫的這一篇，既不是詩，又不是散文，就作為一篇紀念戰友、伴侶的偶作和隨想吧。

一九八八年四月

西花廳抒懷

廖毅文

　　春天到了，萬物復甦。中南海的草綠了，樹枝青了。我懷著景仰之情再一次來到西花廳這座聖潔的庭院。這裡，曾是末代皇帝溥儀的父親攝政王載灃王府西花園的一部分。歲月的無情，使它失去了昔日帝王禁苑的豪華與奢侈，變成了漫長歷史演變的物證。據說，解放初期周恩來選擇西花廳作為居所有兩個原因：一是院中有個翹首兀立的不染亭，可以時常提醒人們潔身自好，一塵不染；再就是這裡清純淡雅的海棠花吸引了他。於是，他深深地愛上了這個院落，而且在這個院落整整居住了 26 年。

　　每當春意盎然的時候，人們總是衷心紀念這個日子——3 月 5 日，敬愛的周總理，您的誕辰日。100 年前，您誕生了。您和春天一起來到了人間。從"為中華崛起而讀書"的遠大抱負到實現四個現代化的政治遺言，您不正是擁有這樣的理想、這樣的胸懷嗎？

　　我緩緩沿著長廊拾階而上，來到您生前的辦公室。環顧四周，沉重的舊書櫃，綠色的舊地毯，普通的寫字枱，那張毛澤東主席贈送的沙發靜靜地靠在辦公桌旁，仿佛依舊在等待著您的歸來。辦公桌上，那個透明的玻璃杯裡，插滿削好的各色鉛筆，您用它勾畫了多少祖國美好的圖畫；那支擺在桌上的放大鏡，映照著您生前縱橫捭闔折樽衝俎的外交家風度；那一張張翻動過的日曆，記錄著您忙碌而緊張的身影；那一疊疊牽動著世界的風雲，關係著國計民生的文件報告是您的心血和智慧的結晶；那幾部老式的電話機，連繫著您日思夜想的強國夢……您是中南海睡得最少的領袖之一，您每天工作到東方紅。您被外國朋友稱為全天候總理。有時，您一連幾晝夜不停地工作，沒有時間吃飯，工作人員只好在玉米粥裡放一點肉末和菜泥，倒在茶缸裡，讓您以茶代飯。緊張的工作，您的健康狀況叫大家憂心如焚，一場"革命"終於爆發了。1967年2月3日，您身邊的工作人員不得不聯名在您的辦公室門上貼出一個"大字報"，要求您改變現在的工作方式和生活習慣，適應身體變化，工作得長久一些。盡管您在"大字報"上寫下了"誠懇接受，要看實踐"8個字，可這次"革命"沒有成功，您還是一如既往，夙夜為公。您常說，一想起我們死去的那些烈士，我們親密的戰友們，就有使不完的勁，要加倍地努力工作，全心全意地為人民服務。

敬愛的周總理啊，您把一生獻給了黨、獻給了人民，唯獨沒有您自己。人世間有無數愛的方程式，但您寫下的愛字，是留給天地間愛的標尺。您付出了愛，也得到了愛。"人民的總理人民愛，人民的總理愛人民。總理和人民同甘苦，人民和總理心相連。"這是人民送給您的至愛贈言。

從辦公室往東，我來到客廳。一排舊沙發，幾把小竹椅，一張暗花的白色塑料而蓋著的方飯桌，依然是那樣的簡潔，那樣的樸素。沒有名貴的家具，也沒有任何的裝飾。就是這塊塑料桌布，還是侄女秉德從商店買來送給您的。正如陳毅元帥所說："廉潔奉公，以正治國者周恩來也。"

由客廳往裡，經過一條內走廊，就是您生前的臥室。藍白格布的床單，笨拙的舊式木板床，老式的落地燈，床頭櫃上的加密電話機……牆壁上的一幅您與鄧穎超媽媽的合影格外引人注目。藍天白雲下，你們親密地站在一起，臉上露出和藹可親的笑容，您把它取名《瞻望未來》，您的胸中永遠裝著祖國和人民的未來。這臥室，何嘗不是您的辦公室。您每天深夜或凌晨離開辦公室去臥室時總抱一大摞文件，坐在床上繼續批閱。時間長了，您累得手發顫，腿也伸不直了，為了改善工作條件，減少疲勞，鄧穎超親自設計了一個造型奇特的小床桌，讓您可以靠坐在床上伏案工作。您的工作人員說，您在西花廳有五個辦公室，衛生間、餐廳、臥室、活動場所……您又何止有五個辦公室。您的足跡所到之處便是您的辦公室。

西花廳的燈光徹底無眠，而伴隨您的是一杯濃茶，一盒清涼油，一個裝有硝酸甘油的小藥瓶。在這裡，您力挽狂瀾，

鞠躬盡瘁⋯⋯

幾度風雨，幾度春秋。您老了，消瘦了，您的兩鬢已經斑白，臉上、手上生出了許多老年斑。仿佛一夜之間，那張令多少人自豪的英俊面容，又多出了幾道刀刻斧鑿般的皺紋⋯⋯曠日持久的勞累，使您心力交瘁，重病纏身，您的生命之火只剩下微弱的彌留之光⋯⋯

"壯烈的死，苟且的生。貪生怕死，何如重死輕生！生死參透了，努力為生，還要努力為死，便永別了，又算什麼？"這壯麗的詩篇，是生死觀的千古絕唱，是您留給歷史悠遠的回聲。

您走了。您為我們民族的獨立解放和繁榮富強耗盡了畢生的心血，寫下了輝煌的篇章。您波瀾壯闊的一生是我們黨和國家歷史的縮影。您給中華民族留下了巨大的精神和物質財富。您給子孫後代留下了永恒的風範。您集我們民族濃厚廣博的智慧和共產黨人的優良品質於一身，您是民族的驕傲，連敵人也折服您人格的魅力。多麼難忘啊，十里長街送總理，萬民肅立心相隨。古今中外，誰有過如此隆重肅穆的永別。

您走了，不再回來了。"您是憂黨、憂國、憂民，把滿腹的憂恨埋藏在您的心裡，跟您一起走了。"您懷著造福人民的許多美好設想走了。可以告慰您的是，"祖國的今天，正開著改革開放之花，越來越好、越茁壯，正在結著豐碩的果實，使我們的國家繁榮昌盛，給我們人民帶來幸福。"

您走了，不再回來了。但是，您無處不在。西花廳裡有您不知疲倦的身影，海棠樹下回蕩著您爽朗的笑聲，不染亭中有您沉思的腳步⋯衛星上天，高樓崛起，氫彈爆炸，巨輪下水⋯⋯新中國的每一項成就，都與您的名字緊緊地連在一起。您活在祖國宏偉的藍圖中，您活在億萬人民實現理想的進程中。

"你到哪裡去了？你一定隨著春天溫暖的風，又踏著嚴寒冬天的雪，你經過春風的吹送和踏雪的足跡，已經深入到祖國的高山，平原，也飄進了黃河、長江，經過黃河、長江的運移，你進入了無邊無際的海洋。你，不僅是為我們的國家，為我們的國家的人民服務，而且你為全人類的進步事業，為世界的和平，一直在那裡跟人民並肩戰鬥。"這段深情的獨白，是您的伴侶、戰友鄧穎超的懷念，也表達著人民的心聲。

時光如水，在人民的心中釀造著無盡的思憶。

西花廳院裡，海棠花開了，又凋謝了。雪白的花瓣飄落在樹蔭下，飄落在路面上，宛若祭奠英靈的白花，大地也變得聖潔起來。

花開花落，花落花開。時光可以流逝，歷史可以蒼黃，但您賦予西花廳的一種偉大人格精神，已成為中華民族美德的象徵，真正共產黨人崇高形象的化身。只要人類生生不息，西花廳就永遠是一片溫暖的陽光，沐浴著人民的心靈。

啊，不朽的西花廳。

一九八八年三月五日

　　照片是歷史的見證，瞬間是時間的定格。我們對周恩來總理的照片並不陌生，最著名要數意大利攝影師焦爾喬·洛迪拍攝的《沉思中的周恩來》。這是一幅記錄周恩來晚年形象風靡世界的攝影經典作品。照片中的周恩來微側身軀，面容剛毅，雙眉微蹙，眉宇間凝聚著無窮的魄力、意志和信心。除此之外，無論是周總理在國內各種場合中的親切優雅，彬彬有禮，還是 1973 年眺目沉思中流露出的殫精竭慮、憂國憂民，抑或是外交斡旋場上的莊重睿智、風度翩翩⋯⋯世人紛紛被周總理昂揚的精神、超凡的氣度、瀟灑的身姿，以及那讓全世界為之傾倒的笑容所折服。外國記者讚美他："大凡見到他的人，都認為他具有一種魅力，精明智慧，人品非凡而且令人神往。"我們在照片裡找尋著關於周總理的每一個瞬間，漸漸地，周總理恍如從畫面中走了出來，慈祥的表情，和藹的話語，讓我們仿佛親身領略到他的迷人風采。

他儀表整潔，舉止文明，態度優雅。身為國家總理的他，總是謙恭有禮，服務員給他端茶，他起身雙手接住，微笑點頭致謝；平時，即使在家不出門，他也會整整齊齊、精神抖擻，哪怕是在炎熱的夏季，也從不敞開領扣；外出視察，每到一處，他總要和服務員、廚師、警衛員分別握手，親切道謝；在公共場所，他總是模範地遵守一切公共秩序，遇見群眾，他都要微笑著向大家招手致意。

他才華橫溢，興趣廣泛，極富人情味。他愛好跳舞、愛好各種體育鍛煉、喜歡唱歌、讀小說、寫詩、看電影、看戲劇以及下棋打牌，他還喜歡廣交朋友。他是個愛玩又沒時間玩的人，興趣廣泛又不能不壓制興趣，甚至忍痛將其窒息掉。他感情豐富，稱得上是中國領袖群中的"活躍分子"，在人民大會堂，在建設工地，在許多群眾集合的場合，歷史都曾為我們留下周總理指揮大家引吭高歌的鏡頭。

他大智大勇，大仁大義，集中華民族美德於一身。他廉潔奉公，兩袖清風，生前是 10 多億人民的"大管家"，死後卻無一分錢海外存款；他雖然是國家的高級領導人，卻從來不要"特殊待遇"，對自己，對親友要求非常嚴格，一件衣服，一雙鞋子，補了又補，一穿就是幾

十年；他與鄧穎超的婚姻被譽為典範，雖然歷經艱難的歲月，雖然曾經長時間的分離，雖然未有自己的親生兒女，但一直不離不棄，相濡以沫，相伴到老。

風度來源於內心的偉大和精神靈魂的高度，周總理風采絕倫的氣度正源於此。他不僅屬於那個時代，他是道德與智慧的化身，國家和民族的驕傲，世人對他的認可超越政見、超越時空、超越意識形態。至今在非洲偏遠的部落，依然有人能說出"周恩來"三字的漢語發音……

可以說，幾乎全世界都迷戀和讚歎周恩來的儀表。一件普通的中山裝，在周恩來身上，穿出了世人心目中格外莊重與格外精彩的中國形象。如果究其本質所在，這與周恩來的人格氣質、律己風範有著直接的關係。

以樸素的衣著，表達出其動人的風采，這令人難以企及的原因，是因為周恩來將信念、智慧、美德、修養等集于一身。這是一種民族精神美學。

面必淨，髮必理，衣必整，紐必結。頭宜正，肩宜平，胸宜寬，背宜直。氣象，勿傲、勿暴、勿怠；顏色，宜和、宜靜、宜莊。終其一生，都始終保持著這種從外表到內心完全一致的形象典範。

周恩來，是中華民族五千多年文明的結晶，他是我們民族的驕傲。

開滿海棠花的院落

有些人參加革命，雖然懷著"大志"，卻也帶著"大己"：他們"既想革命，又想做官"，而周恩來從一開始就把個人志向與國家、人民的命運緊密連在一起，始終把革命事業擺在第一位，全然沒有一己之利。

從憂國憂民出發，周恩來開始了艱苦的救國革命之路的探索。這張照片攝於1927年，蔣介石發動"四·一二"反革命政變，下令通緝周恩來。周恩來斷然發誓："不打倒蔣介石，決不剃鬍子。"因此，他的鬍子又黑又粗，而且長得特別快，一

天不刮，嘴唇上下就會一片漆黑。當年大家都管叫他"鬍公"。可見，他的鬥爭精神和革命意志。為了尋求真理，他東渡日本去尋找救國良方，後失望而歸。經過五四運動革命實踐的鍛煉，又遠渡重洋到馬克思的故鄉探尋救國之路。經過博覽群書、攻讀馬列，探求比較，以及對日本、西歐社會和工人運動的實地考察，他認清了社會主義必然代替資本主義是人類社會發展的客觀規律，在各種主義、思潮中，馬克思主義最科學，由此把革命志向定格在為實現共產主義奮鬥上，從不動搖、從不退縮、從不消極，終生向著青年時代確立的目標前進！

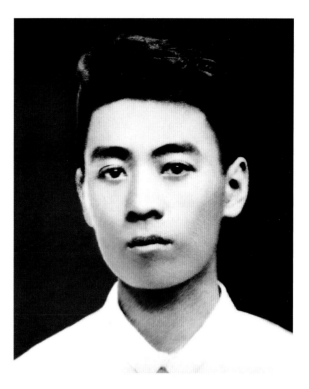

1917 年 6 月，周恩來以優異的成績從南開學校畢業，然後東渡日本求索救國之道，開始接受馬克思主義。青年周恩來感到“一線陽光穿雲出，逾覺姣妍”。自此，武裝革命的思想幼芽勃然而生。

1919 年，在“五四”運動大風大浪中，經受了嚴酷牢獄生活的周恩來，越發想到暴力革命，他說：“思想是顫抖於獄中。”這期間，鍛造了他百折不撓、忍辱負重的戰鬥精神。

1920 年，周恩來被北洋軍閥政府天津警察拘捕前的留影，時年 22 歲。

1921 年春，周恩來在張申府、劉清揚的介紹下，加入中國共產黨。圖為他在柏林萬賽湖。

開滿海棠花的院落

1924 年,時年 26 歲的周恩來在黃埔軍校的留影。這張刊登在中學歷史課本上的經典照片,廣為熟悉。很多初中女生都把這張照片剪下來,偷偷貼在鉛筆盒裡面。

紅軍不怕遠征難,萬水千山只等閑。1935年 10 月,經歷長征勝利到達陝北的周恩來。

艱難斡旋,扭轉乾坤,1936 年 12 月,西安事變時期的周恩來。

1937 年 12 月,周恩來代表中共到國民黨所在地武漢,從事抗日民族統一戰線工作,領導中共長江局。

1939 年 7 月，周恩來在延安墜馬，致使右臂粉碎性骨折。左為劉少奇。

1942 年，周恩來在重慶曾家岩 50 號，在他和南方局的領導下，國民黨統治區黨組織的各項工作，有條不紊地進行，迅速打開局面，不斷取得進展。

1946 年，周恩來在上海周公館留影，時年 48 歲。根據"雙十"協定，周恩來率領代表團前往南京與國民黨進行談判。1946 年 6 月，代表團在滬設立辦事處，當時對外稱周恩來寓所為"周公館"。

1948 年 5 月，中共中央和中國人民解放軍總部從陝北遷到河北省平山縣西柏坡。這是周恩來在西柏坡辦公室簽署作戰命令時的留影。

周恩來是新中國成立後第一任外交部長，他智慧超群、活力四射、風采照人；他謙和幽默、穩健豁達、堅毅自信；他堅持原則、化敵為友、從容不迫；他精通哲學、熟諳往事、擅於分析。他既是政治上的強者，又是偉大的調和者；他既有現實主義者的精明，又有理想主義者的雅緻；既掌握高超的外交策略，又獨具非凡的人格魅力。日內瓦會議，他舌戰群儒、折衝樽俎，彰顯風采絕倫的偉人氣魄；萬隆會議，他協和萬邦、力挽狂瀾，贏得外交舞台第一流人物地位。周恩來以決策人、指揮者和實踐家三位一體的身份，以異乎尋常的精力、才能、謀略、智慧，為新中國制定了一系列具有中國特色的新型外交路線、方針和政策，譜寫了一部光輝偉大的紅色外交史詩，對中國革命和社會主義建設，對加強國際無產階級和世界人民的團結，開展反對霸權主義的戰爭，推動國際共產主義運動的發展，建立了彪炳史冊、日月同輝的豐功偉績。尤其是他提出的求同存異、互諒互讓，作為和平共處五項原則的核心經典，已成為國際社會和國際學術界重點研究的課題，被中華民族和人類世界作為外交藝術的光輝遺產永遠珍藏……

這是周恩來總理最著名的一張照片。1954 年 4 月，周恩來總理大步流星地邁入日內瓦會議會場，代表新中國第一次出現在國際舞台，他步履堅定，神情沉穩，形象英俊，氣魄懾人，讓西方世界為之震動。雖然日內瓦會議關於朝鮮問題的討論以未通過任何協議而結束，但正如周恩來總理所指出："它使大家了解到美國代表如何阻撓日內瓦會議，並阻止達成即使是最低限度的、最具有和解性的建議。"通過日內瓦會議，世界看到了同美國所掌控的聯合國安理會形容的完全相反的新中國形象，看到了中國的和平外交政策，看到了在處理國際問題當中新中國的分量。

1954 年到 1960 年的 6 年間，周恩來總理曾四度訪問印度，化解矛盾誤解，帶著中國的和平與誠意。這是 1956 年 12 月，周恩來總理訪問印度抵達新德里時，向歡迎群眾揮手致意。旁為賈瓦哈拉爾‧尼赫魯總理。

1950 年 2 月 14 日，周恩來總理代表中方在莫斯科簽訂《中蘇友好同盟互助條約》。這是新中國外交工作中取得的巨大成功。周恩來在政務會議上報告說："這就是以新的條約把中蘇兩國的友好合作關係固定下來，在軍事上、經濟上、外交上實行密切的合作。"

開滿海棠花的院落

1955 年 4 月，周恩來總理在萬隆會議上發言。他倡導的 "求同存異，協商一致" 的原則，得到絕大多數與會國代表的擁護和支持，為會議的成功奠定了基礎。

　　1961 年 4 月 25 日，毛澤東、周恩來會見老撾王國首相梭發那·富馬親王（右二）、老撾愛國主席蘇發努馮親王（右三），左四為陳毅。

　　1964 年 1 月，周恩來總理訪問馬里及蘇丹期間，受到人民群眾熱烈歡迎。周恩來所表示出來的親切與溫和，讓國際友人感受到了中國總理的獨特魅力，掀起了一股 "恩來風暴"，穿越時空而不朽。

開滿海棠花的院落

1963 年 12 月，周恩來訪問摩洛哥時，和穆萊·哈桑二世國王在招待會上。

1964 年 1 月，周恩來出訪突尼斯時，在答謝宴會上欣賞哈比卜·布爾吉總統（左）贈送的影集。

1964 年 1 月，訪問阿爾巴尼亞時，周恩來和陳毅參觀地拉那斯大林紡織聯合工廠受到熱烈歡迎。

1956 年 11 月，周恩來訪問越南時和國家主席胡志明交談。1922 年他們相識於法國巴黎。

　　1971 年 4 月，周恩來接見應邀來華訪問的美國乒乓球代表團全體成員。這一經毛澤東、周恩來決策的來訪，被譽為小球轉動大球的"乒乓外交"。

　　1972 年 2 月 21 日至 28 日，時任美國總統的尼克松對中國進行為期一周的訪問，打破了中美兩國長期冷戰的對峙局面。尼克松總統了解到周恩來一隻手臂受過傷，不太靈活，在釣魚台國賓館主動為周恩來脫掉呢子大衣，這在大洋彼岸的美國引起軒然大波。尼克松事後說："是周恩來的人格力量打動了我。"

1960 年，周恩來與日本"民間大使"西園寺公一親切握手。

開滿海棠花的院落

1972年9月，中日邦交實現了正常化。這是周恩來與日本首相田中角榮在北京會晤時的合影。

周恩來、田中角榮簽署《中日聯合聲明》後互換文本。

1973 年周恩來在北京首都機場，歡迎法國總統蓬皮杜。

1973 年 9 月 17 日，周恩來在上海虹橋機場送別法國總統蓬皮杜，那天，下著大雨，周恩來堅持不打傘，以示對外賓的尊重。身患重病的周恩來，一直淋著雨，直至飛機起飛。

1975 年 4 月 19 日，周恩來接見朝鮮主席金日成，由於病痛折磨，總理雙腳浮腫得很厲害，原有的皮鞋和布鞋都穿不下，只好趕緊再做一雙布鞋。

開滿海棠花的院落

　　領導是團體的核心，領袖是國家和政黨的核心，作為中國共產黨的早期成員之一，周恩來在人民軍隊的創建和共和國的締造上居功至偉，在加強和鞏固黨的建設發展上發揮了不可替代的重要作用，在推進社會主義建設事業中有著不可磨滅的偉大功勳，在推進民族團結、世界和平上產生了深遠影響，他無愧為黨、國家和軍隊的偉大領袖。美國前總統尼克松評價他："在過去二十五年裡我有幸會見過的一百多位政府首腦中，沒有一個人在敏銳的才智、哲理的通達和閱歷帶來的智慧方面能超過他，這些使他成為一個偉大的領導人。他是我所結識的具有非凡天才的人物之一。"中國人民的老朋友、柬埔寨前國王西哈努克滿懷深情地說："在我所結識的世界領袖中，周恩來是我認為最傑出的兩位人物之一，另一位是法國的戴高樂。以周恩來的才華和品德，他可以成為任何一個民族的領袖並建立卓越的功勳。"

1949 年 10 月 1 日周恩來在開國
大典上。

　　1949 年 10 月 1 日，周恩來和毛澤東在天安門城樓上共商國是。毛主席向
世界宣告："中華人民共和國成立了！中國人民從此站起來了！"周恩來總理
此時也是心潮澎湃，從"八一"南昌城頭打響武裝革命鬥爭第一槍，到天安門
城樓建立新中國，中國革命的勝利千迴百轉、歷經磨難，是多少革命先烈浴血
奮戰，用生命和鮮血換來的。

開滿海棠花的院落

1950 年 6 月，周恩來和朱德在全國政協會議休息時交談。由毛澤東、周恩來等第一代中央領導集體創立的政治協商制度，從中國國情出發，吸收和借鑒人類社會民主政治發展的有益成果，開創了具有鮮明特色的社會主義民主形式。

1954 年 9 月，周恩來在第一屆全國人民代表大會第一次會議上作《政府工作報告》，首次提出在我國實現四個現代化的目標。

1956 年 12 月 16 日，在德宏州首府芒市，周恩來總理與緬甸總理吳巴瑞共同參加了中緬兩國邊民聯歡大會。周恩來總理入鄉隨俗，參加潑水節活動，與兩國邊區群眾一起載歌載舞，為加強睦鄰友好，鞏固邊防安寧，樹立了光輝典範，結下了"中緬一家親"的世代情誼。

1959 年 1 月，周恩來同在農村鍛鍊的大學生座談。

1958 年，中央號召駐京中央機關和國家機關幹部參加義務勞動，周恩來總理曾先後四次到十三陵水庫勞動。他在水庫工地上同大家同吃、同住、同學習、同勞動，克服右手曾經骨折的不便，親自裝土、拉車、搬石頭。由於各級領導幹部帶頭，群眾的熱情高、幹勁大，僅用了 5 個月的時間，十三陵水庫就建成了。

1956 年 9 月，周恩來在中共八大會議上作《關於發展國民經濟的第二個五年計劃的建議的報告》。

1961 年 4 月底至 5 月中旬，周恩來總理帶領工作組到河北省邯鄲地區農村進行蹲點調查。他坐在社員的家門口和老鄉親切攀談，詳細了解社員的家庭生活情況，準確掌握了國家困難時期的一線資料，實行"調整、鞏固、充實、提高"的方針，對盡快恢復國民經濟作出突出貢獻，也生動體現了他實事求是的工作態度，聯繫群眾的非凡魅力。

1965 年 7 月。周恩來總理視察新疆生產建設兵團，現場指揮大合唱，響徹雲霄的歌聲點燃了邊區軍民篳路藍縷、櫛風沐雨、戰天鬥地的激情。周總理這種獨特的宣傳號召，體現了博大的革命樂觀主義情懷，展現了爐火純青的群眾工作藝術，無論走到哪裡，都能迅速和當地群眾打成一片。

1965 年夏，周恩來視察國防科工委某基地。

　　1964 年 10 月 16 日傍晚，周恩來同毛澤東、劉少奇、朱德等領導人在人民大會堂接見音樂舞蹈史詩《東方紅》演職人員時宣布："今天正式開會前，主席讓我告訴大家一個好消息……但是我要提三個要求：第一，大家不要跳，大會堂的樓板會承受不住的。第二，大家不要高呼口號，我的耳朵會受不了的。第三，注意維護會場秩序……今天，我國西部爆炸了第一顆原子彈！"

周恩來的領袖風範舉世矚目，所有見過他的人，都被他的魅力所征服。在他身上好像有燃燒不盡的熱情，他內心的爐火好像永不會熄滅。他對生活對朋友對人民的愛就像是永不乾涸的溫泉。他和你握手，永遠溫存地凝視你的眼睛；他和你交談，永遠諦聽你的話語；他和你相處，永遠讓你覺得自如……我們從照片裡找尋著關於總理的每一個瞬間，漸漸地，總理恍如從照片中走出來，慈祥的表情，和藹的語言，讓我們仿佛親身領略到他迷人的風采。

開滿海棠花的院落

總理非常注重儀表的整潔。平時，就是在家不出去，他也會穿戴整整齊齊，好像隨時要出門的樣子，哪怕是在夏天很熱的時候，也從不敞著領扣。一件普通的中山裝，在周恩來身上，穿出了世人心目中格外的莊重與精彩。以極其樸素的衣著，表達出極其動人的風采，如果究其本質所在，這與周恩來的人格氣質、律己風範有著直接關係，我們或許可以稱其為一種民族精神美學。

周恩來的笑不同於普通人的笑，他的笑聲是發自肺腑的笑，能感染一切在場的人。他的笑聲飽含激情、充滿自信、富有感染，凡是見到他笑容的人，不自覺地產生好感與親近。建國初期的周恩來經常開懷大笑，這既是他長期以來的革命樂觀主義情懷，也代表對建設新中國的自信滿滿和豪情萬丈，更抒發對美好生活的無比向往。周恩來的笑容最讓人留戀，如沐春風，回味無窮。

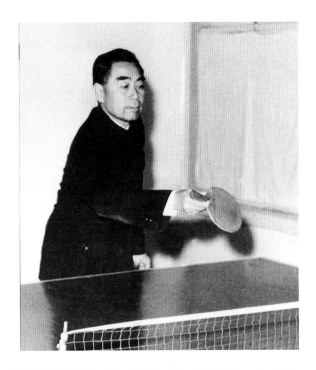

　　周總理才華橫溢，興趣廣泛。他會寫詩，唱歌，年輕時演過戲，是一個非常高明的文藝專家，他的字寫得非常漂亮，他的舞姿格外瀟灑。他是一個風度翩翩，極為優雅的人。他是個愛玩又沒時間玩的人，興趣廣泛又不得不壓制興趣。在西花廳，打乒乓球成了他在繁忙工作之餘一種難得的休息方式。

優雅的舞姿。

　　"文革"時期，周總理已經年逾古稀，工作也更加繁忙。別的活動，諸如參加舞會，欣賞京劇等都停止了，為了鍛煉身體，除了打打乒乓球，他還自己編了一套保健操，只要沒有急事，起床後就在盥洗室做幾下操，活動活動筋骨，偶爾也到院裡散散步。

開滿海棠花的院落

將 " 家 " 與 " 國 " 合為一篇，是因為實在無法將周恩來總理的生活與工作分開的緣故。他將黨的 " 全心全意為人民服務 " 的宗旨踐行到了極致，給 " 鞠躬盡瘁，死而後已 " 這句話做了最深刻的詮釋。西花廳是周恩來與鄧穎超的家，也不完全是他們的家，平時日常辦公、接待客人都是在這裡進行。他是黨內做工作最多的人，也是最忙的人。為了爭分奪秒，他開闢了 " 第二辦公室 " 和 " 第三辦公室 " 。他為國家的富強、人民的幸福嘔心瀝血，日夜操勞，被外國友人稱為 " 全天候周恩來 " 。

非凡人物往往有非凡之志。國難當頭，是光宗耀祖？還是救亡圖存？少年時在東關模範學校就讀的周恩來，用 " 為中華崛起而讀書 " 作出堅定的回答。其恢弘之志、博大胸襟，常人難以企及。青年毛澤東在長沙第一師範讀書時，發出 " 天下者我們的天下，國家者我們的國家，社會者我們的社會？我們不說誰說？我們不幹誰幹？ " 的呼籲。偉人的心都是相通的，尤其在家國情懷上有著驚人的相似。在長期的革命實踐中，兩位歷史偉人神交已久，風雲際會，一拍即合，成就了中華民族的不朽偉業。

他畢生追求報效國家，不遺餘力。作為中國共產黨早期創始人之一，他對黨的事業有著特殊的感情。在天津組織學生運動被捕後，"思想顫動於獄中"而更加堅定了馬克思主義信仰，用他的話說"一個人只要活著，就應當為黨工作。"在重慶期間，周恩來特別喜歡《棠棣之花》，前後看了七次，他認為"士為知己者死"在特定時期代表對黨的深厚感情。周恩來為治國禮賢下士、求賢若渴。"這不同於舊社會做官，現在是人民政府，不是做官，是做事，是為人民服務。"建國初期，他這一番話把年老的黃炎培說動了。日內瓦會議期間，周恩來又竭力呼籲在海外的中國科學家回國參加建設。從 1949 年 8 月到 1955 年 11 月，由西方國家歸來的高級知識分子多達 1,536 人，其中從美國回來的就有 1,041 人。

他一生堅持求同存異的為人處世準則，致力促就政黨團結、民族團結和世界和平。總理天性富於調和，但絕不是那種無原則的"和稀泥"。在長期革命實踐中，雖然周恩來先後同王明、博古、李德、張國燾等人共事過，但最終逐步認識並鼎力推薦毛澤東同志成為黨和軍隊的領袖。西安事變發生後，蔣介石被張、楊控制，周恩來帶著十幾人深入虎穴，處驚不亂，多方斡旋，為爭取民族抗日統一戰線掃清障礙，立下了不朽功勳。國共重慶談判，面

對國民黨的軟硬兼施，兵戎相向，他舌戰群雄，獨步天下，為爭取和平不遺餘力，令國民黨談判團理屈詞窮，讓全國人民看清了"到底誰要挑動內戰"的真實面目。新中國成立後，他念念不忘爭取台灣和平解放。萬隆會議期間，他提出了"和平共處五項原則"，贏得全世界的廣泛認同。這也是國內外眾多政界要人、民主人士，無論是敵是友，都非常欽佩折服他的原因。以致於他逝世後，聯合國決定為他降半旗默哀。恩格斯曾經在馬克思墓前說："他可能有很多公敵，卻沒有一個私敵。"這用來形容周恩來再恰當不過了。

他一生顧全大局，相忍為黨，體現出偉大黨性風範。在 "文化大革命"極端複雜的特殊環境下，他苦撐危局，以常人難以想象的努力，全力維護國家工作的正常運轉，維護黨的團結統一。他保護了一大批黨的領導骨幹、民主人士和知識分子，為後來的歷史性轉折準備了條件。他強調"抓革命，促生產"，抵制和糾正極"左"思潮錯誤的影響，盡一切可能減少 "文化大革命"造成的損失，在糧食生產、工業交通和尖端科技等方面取得一批重要成就。

周總理一生都稱自己為"人民的服務員"，捨小家，顧大家，為黨和人民的事業鞠躬盡瘁，死而後已。他死不留灰，生而無後，官而不顯，黨而不私，勞而無怨，去不留言，大智，大勇，大才，大貌，大愛，大德。顧全大局，相忍為黨，茲有周公，國之大幸！

胸懷天下

開滿海棠花的院落

　　宋朝名臣范仲淹曾說：“先天下之憂而憂，後天下之樂而樂。”從胸懷“為中華崛起而讀書”遠大理想，到追隨孫中山的“天下為公”；從擁戴毛澤東“為窮人打天下”，到親自領導建立人民政府；從勾畫“四個現代化建設”的藍圖，到畢生堅守“為人民服務”的宗旨，周恩來總理的天下情懷、憂國憂民始終沒有改變過。一屋不掃何以掃天下？在共和國建設的征程中，西花廳連著天下安危、人民冷暖，它的主人作出了不可磨滅的貢獻。

周恩來總理時刻關注著國防現代化事業，這是當時飛機製造廠向總理報喜的我國自主研製的新型小飛機模型。

1958 年 7 月，周恩來總理視察廣東省新會縣糧食工作展覽會。

1959 年，周恩來在全國人大二屆一次會議上投票。

1963 年 1 月 29 日，周恩來在上海科學技術工作會議上指出：我們要實現農業現代化、工業現代化、國防現代化、科學技術現代化，簡稱"四個現代化"。

無情歲月染白了敬愛的周總理雙鬢，但動搖不了他為黨為國為民的滿腔忠誠、無悔選擇和堅定信念。

1964 年 3 月 8 日周恩來總理在出訪歸國途中在看外文報 "Morning News"。

開滿海棠花的院落

周恩來總理始終牽掛著人民的安危冷暖，每當聽見有關國計民生的好消息傳來時，總是抑制不住內心的喜悅。

1966 年，面對突如其來的"文化大革命"，周恩來總理神情冷峻，滿臉凝重，他似乎預料到什麼，但沒想到後來會波及範圍那麼廣，持續時間那麼長。文革期間，周總理在憂患和鬥爭中度過了餘生。有人說："'文革'讓周總理少活了十年。"

1973 年 6 月，周恩來陪同越南外賓
到延安訪問。當晚，周恩來在自己的房間
和延安的領導談話到深夜 1 點多鐘。延安
領導出來後，大家趕緊進房間，想安頓周
總理睡下休息。只見周恩來沉著臉，眼神
發直，情緒十分低沉，呆呆地坐在沙發裡
一動也不動，是延安人民貧困的生活狀態
觸動了他。

1973 年 10 月，周恩來陪同加拿
大總理前往河南洛陽訪問。此時的周
恩來病情不斷加重，他獨自下車，佇
立在伊水河邊，沉思許久。這是他最
後一次外出視察。不久後，周恩來回
到北京，在大會堂福建廳約人談話時，
出現了尿血的症狀。

　　1975 年 1 月 13 日，第四屆全國人民代表大會在人民大會堂開幕。77 歲的周恩來雖然重病纏身，但這次會議依然由他主持，勾畫了共和國的現代化藍圖。代表們痛心地發現，因過度操勞和病痛折磨，眼前的周恩來與 10 年前相比就像是變了一個人。

　　這是周總理在西花廳的辦公室、會議室。家即是國，國即是家。在這裡他做出了一系列關乎國家發展和國計民生的重大決策部署，為打開新中國建設、內政、外交新局面作出了卓越貢獻。

　　這是周恩來總理在西花廳辦公室掛的中國地圖和地球儀，他時刻關注國際風雲變幻和國計民生，時刻把祖國 960 萬平方公里的土地、全體中國人民的冷暖裝在心裡。

　　周總理辦公室有三部電話，其中中間的紅色機子是和毛主席辦公室直通的，另外兩部均是與外線相連的，一般群眾只要是知道號碼都可以打進來。周總理主持工作那些年，這是全中國最繁忙的熱線電話。

　　周恩來畢生踐行"為人民服務"的宗旨，始終把自己當做"人民忠實的勤務員"。他在辦公桌上始終擺放著"為人民服務"的牌識，時刻提醒自己。

開滿海棠花的院落

　　"春蠶到死絲方盡，蠟炬成灰淚始乾。"這是晚唐詩人李商隱的名句，也是對周恩來精神的生動詮釋。

　　周恩來總理的一生，把中國共產黨"全心全意為人民服務"的崇高宗旨踐行到了極致，把中國共產黨人的政治本色彰顯到了極致，真正做到了"鞠躬盡瘁，死而後已"。他是黨內做工作最多的人，也是最忙的人。為了爭分奪秒，他在西花廳開闢了"第二辦公室"和"第三辦公室"。他為國家的富強、人民的幸福嘔心瀝血，日夜操勞，是世界上睡得最少的人之一，被外國友人稱為"全天候周恩來"。

1958 年 2 月底至 3 月初周恩來勘察長江三峽大壩壩址。

1958 年 6 月
周恩來視察北京懷
柔水庫。

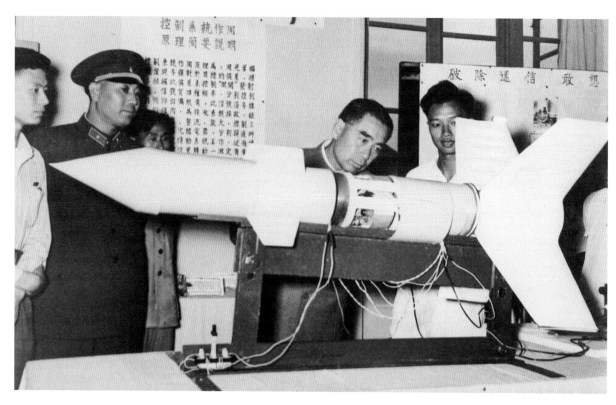

1958 年 7 月，周恩來在國防科技部門 "八一" 獻禮展覽會上觀看反坦克導彈樣機。

1958 年周恩來冒雪視察荊江大堤。

1958 年 9 月，周恩來視察開灤煤礦唐家礦時和採煤工人親切交談。

1961年5月，周恩來在河北磁縣農村與農民座談。

1965年5月，周恩來和李先念、羅瑞卿視察大寨時，在大寨村團支部書記郭鳳蓮家中做客。

1963年5月，周恩來在海軍某部觀看水下攝影機。

1963年5月，周恩來在航艇上與潛水員通話。

周恩來和小朋友在一起。

1965 年 7 月，周恩來在新疆喀什棉紡織廠
幼兒園看望小朋友。

1973 年 3 月，周恩來和李先念在北京參觀英國工業技術展覽會。

1966 年，史無前例的"文化大革命"發生了，周總理為了黨和國家的事業苦撐危局，為了保護黨和國家的幹部殫精竭慮。

1972 年 5 月，周恩來被確診為膀胱癌。但他強忍病痛，堅持為人民工作。圖為 1973 年夏，周恩來陪同毛澤東在中南海書房會見外賓。

1974 年 5 月 29 日，周恩來陪同馬來西亞總理拉紮克會見毛澤東。會見後，周恩來有意留下，與毛澤東單獨握手告別，兩位戰友心情顯得十分沉重。這次握手，一切都在不言之中。

開滿海棠花的院落

周總理忘我工作的精神，貫穿於他的一生。西花廳有一間房屋的燈光經常亮個通宵，這就是周恩來的辦公室，人們深情地將燈光稱為"永不熄滅的燈光"，將周恩來辦公室稱為"世界上最忙的辦公室"。

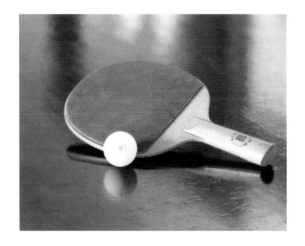

周總理生前總是夜以繼日的工作，十分辛苦勞累，有時實在累了，工作人員就讓他休息一下，或者活動一下。周恩來從小就喜歡運動，工作人員就在緊挨他辦公室的西側闢了一個乒乓球活動室，在他工作勞累時，陪他打幾下乒乓球，以便讓他得到暫時的休息。圖為活動室內景，以及周恩來曾用過的球拍和乒乓球。

警衛值班室內的電鈴顯示牌　　　　　　　　　　　　　值班室內的兩盞信號燈

　　這兩個信號燈是在"文革"期間安裝的。周恩來大多時間在晚上辦公，白天睡覺。出於對周總理的關心，鄧大姐經常問身邊工作人員：總理睡了嗎？會不會又在床上看文件？工作人員又不能到臥室去看，於是想出了這樣一個辦法，把這燈與臥室燈串聯在一起，總理要是去衛生間，或開燈看錶，他一開燈，值班室的這兩個燈也同時亮。根據亮燈的時間，我們可以判斷周總理是去衛生間，還是看表；較長的時間不關燈，說明是看文件。

　　周總理一天的工作從早晨一醒來就開始了。進衛生間後，有時坐在抽水馬桶上就按電鈴，把值班秘書叫進來，向他報告電話記錄、待批閱的緊急文件和一天的工作安排等。有時候，他叫人（多半是總理熟悉的老部下）到衛生間來匯報工作，交談時間是幾分鐘，也可以長達幾十分鐘。

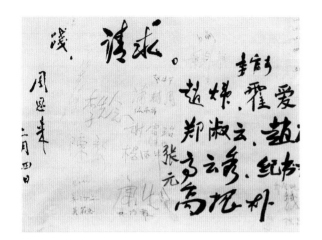
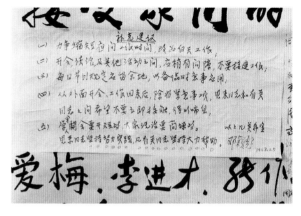

開滿海棠花的院落

文革期間，長期超負荷的工作狀態加上內心的極度焦慮，使得周總理的身體每況愈下。大家看著很是心疼，可是勸也沒有用。怎麼辦呢？周總理辦公室黨支部只好開會，專門研究如何讓周總理多休息一下的問題。在鄧穎超的倡導下，大家集思廣益，想出了一個給周恩來貼大字報的辦法，委婉督促他改變工作習慣，調整工作節奏，讓周總理多注意休息。黨支部的 16 位同志都簽了名。在大字報貼出的第二天，周恩來認真地在大字報的一側寫上了"誠懇接受，要看實踐"幾個大字。

1974 年 6 月，周恩來因病情惡化，住進北京 305 醫院。住院期間，他先後做了六次大手術，八次小手術，平均每四十天左右就要動一次手術。就這樣的情況下，只要身體還能堅持，他仍然繼續為黨的事業日夜操勞。他用實際行動實踐了自己的諾言——我們要像春蠶一樣，把最後一根絲吐出來，貢獻給人民。左邊的台曆上，記載了他患病期間一個普通工作日的日程安排，這一天他連續工作了 23 個小時。

1976 年 1 月 8 日上午 9 時 57 分，敬愛的周總理在與病魔進行了長期搏鬥後，與世長辭，走完了光輝戰鬥的一生。這是 1976 年 1 月 11 日，周秉德、周秉建與伯伯周恩來作最後的告別。

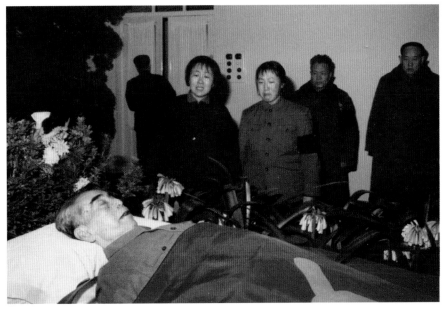

1976 年 1 月 14 日，鄧穎超雙手捧著周恩來的骨灰盒走進人民大會堂，來到台灣廳，將周恩來的骨灰盒放在這裡度過最後一宿，為了完成他生前未了的心願——希望看到祖國的統一。

十里長街送總理，天悲地泣傷別離。

人民總理人民愛，舉國同哀慟鬼神。

1976 年 1 月 11 日，周總理的遺體送八寶山火化時，首都百萬群眾自發佇立長安街哀別。

廉潔奉公

開滿海棠花的院落

　　周恩來一生兩袖清風，一塵不染，衣服鞋子補了又補，工資除了自己的生活必需之外，其餘都補助了身邊的工作人員、親友、烈士遺孤或者上交了黨費。他不佔公家一分錢便宜，甚至倒貼。就連在國務院開辦公會喝茶，每次也要交兩毛錢的茶錢。這張照片是 1961 年，周恩來與鄧穎超同志一起，分別邀請新聞界、文化藝術界的人士座談，會後，周恩來夫婦留他們在西花廳吃四菜一湯。席間，鄧穎超對客人們說：「現在是困難時期，這飯是我和恩來請大家吃的，用我們自己的錢和糧票。」

　　他對親友的要求也十分嚴格，親自定下了「十條家規」，決不允許他們打著他的名義去辦私事。「粉身碎骨渾不怕，要留清白在人間。」這是一種風骨，也是一種精神。西花廳的一件件陳舊老式家具、遺址遺物，無不在無聲地訴說一位大國總理的純淨樸素、廉潔奉公。

　　周恩來、鄧穎超始終過著儉樸的生活，這從他們居住的房屋和院落都可以看得出來。自總理一家住進西花廳以後，不許裝修與翻新房屋及院落。直到 1959 年，身邊人員借周恩來出國訪問的機會，為了保護和加固建築物，搶時間把原為土磚的地面，改為木板地，更換了窗簾、洗臉池與浴缸。周恩來回來後見了十分生氣，狠狠地批評了主管修繕的同志。事後，他為此兩次在國務院的會議上作檢討，並語重心長地對身邊人員說：“我身為總理，帶一個好頭，影響一大片；帶一個壞頭，也影響一大片。所以我必須嚴格要求自己……你們花那麼多錢，把我的房子搞得那麼好，群眾怎麼看？一旦大家都學著修起房子來，在群眾中會造成什麼樣的影響？”自此，再也沒有人敢提裝修房屋之事。1983 年，為了迎接 300 多位日本青年來西花廳看望鄧穎超，經中央領導勸說，鄧穎超同意，只對室外進行了粉刷。

周總理的小書房，簡樸潔淨。

12 寸黑白電視機。

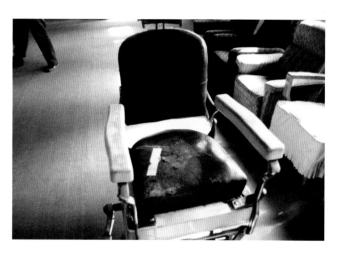

周恩來總理一生都堅持艱苦樸素，家中的椅子修修補補，積年累月座墊上的皮套都磨破了，他還堅持使用。作為一國總理，他首先想到的不是個人物質上的享受，而是更多地為國家節約每一筆開支，減少不必要的花費。

簡單的衛生間陳設。

這張沙發是周總理辦公室唯一的高檔家具，它還是毛主席在周總理生病後送來的。毛主席說這種沙發我坐可以，給周總理坐就嫌高了些，所以在下面加了一個腳凳。

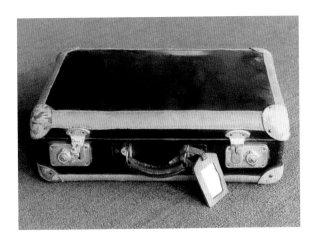

周總理自己設計製作的日常用品箱。

1950 年冬，鄧穎超在德國柏林參加“世界婦女聯合會執委會”時，蘇軍駐德國最高司令朱可夫元帥送給周恩來鄧穎超的禮品箱。周恩來、鄧穎超將其作為行李箱使用了 20 多年。

周恩來總理的辦公桌始終保持整潔有序，簡潔明了，每一樣物品都是辦公必備品，沒有任何華麗的擺設，西花廳一件件辦公遺物在無聲地緬懷它們曾經的主人勤政為民、廉潔奉公的日日夜夜。

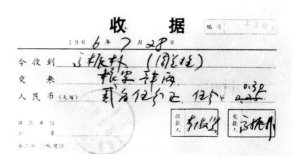

周恩來的繳費收據

1963 年 2 月，周恩來和鄧穎超在蘇州遊園時，親自清點隨同人數並購買公園門票。

1975 年 4 月，周恩來做完一次大的手術，剛可以下床，就要在醫院會見朝鮮國家主席金日成。工作人員請他試穿一下皮鞋，因腳腫穿不上，又試了布鞋，也穿不上，需要馬上訂做一雙。結果鞋做大了，周總理沒有讓重做，在鞋裡墊了厚厚的紗布，穿著這雙不合腳的鞋、拖著重病的身體，會見了金日成。之後，這雙鞋一直沒捨得扔。

周恩來總理堅持公私分明，嚴格遵守國務院規定，凡是因私用車，都要按公里付錢，由工作人員掌握執行。後來，在執行過程中，感覺不太合理，經總理同意，每月交 400 公里的用車費，大大超過了他所謂因私用車公里數，這個制度一直堅持到他 1974 年住進醫院。

開滿海棠花的院落

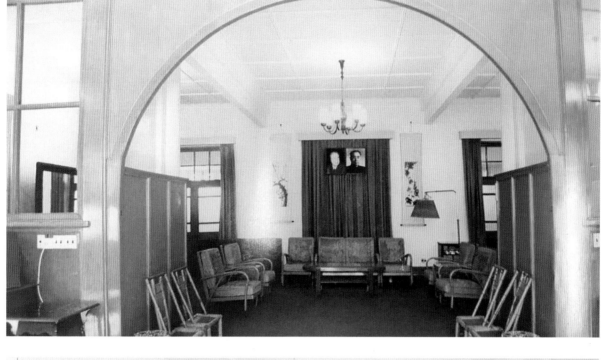

　　這兩張照片是周恩來、鄧穎超居住的西花廳後院的客廳。他們在這裡會見客人，房間裡空曠而簡樸，這些竹椅、板凳還是總理去南方出差時用自己的工資買回來的。有時為了節省時間，在客廳的一角，放一張椅子，就成了理髮、洗頭的地方，因此，這個簡陋的客廳也被稱之為多功能廳。

周恩來是一位充滿革命情感的領導人。同志情、戰友情、夫妻情、對長輩之情、對兒童之情、對烈士遺孤之情……都最充分最集中地體現在他的身上。

在他革命的一生中，對同志、對戰友，他坦誠以待、平等交往，哨兵向他敬禮時，他會握著哨兵的手親切地說："咱們都是同志嘛，不要向我敬禮。"對伴侶，夫妻相敬如賓、相濡以沫，相伴到老。鄧穎超因為不能生育，不止一次委婉勸他再找一個，他堅決拒絕："現在全中國的年輕人都是我們的孩子，都是我們的後代。"對長輩、對晚輩、對鄉親、對烈士遺骨，他倍加愛護，慷慨資助，不遺餘力。

提到周恩來，不能不說到毛澤東，他們相差不到 5 歲，但有著截然不同的氣質、性格和特點。楊尚昆評價他們說："毛澤東舉重若輕，提綱挈領，大刀闊斧；周恩來舉輕若重，處事周密，思慮精細。毛澤東質樸而豪爽，幽默而風趣；周恩來文雅而機敏，嚴謹而認真。他們配合默契，相得益彰。"在長期革命實踐中，周恩來逐步認識毛澤東，鼎力推薦輔佐毛澤東，並矢志不渝跟隨毛澤東。

周恩來與鄧穎超的愛情故事也廣為流傳。周恩來濃眉大眼、劍鼻高挺、英姿勃發，是典型的中國美男子，身邊不乏眾多美女追求，但他卻選擇了相貌平平的鄧穎超。據周恩來回憶，早在法國留學時，曾經對一位女孩子產生過好感，但發現雙方志趣追求不一樣時，毅然決定分手。他對鄧穎超並非一見鐘情，而是在組建覺悟社、組織革命活動中逐步認識她，到後來確定終生伴侶關係。他們之間的愛情，就像一壺老酒，伴隨中國革命建設的歷程發酵陳釀，從純情少年牽手到滿頭華髮。互愛、互敬、互助、互勉、互商、互諒、互信、互讓，這是他們相伴終生的準則。正是有了鄧穎超的全力支持，周恩來才得以全力以赴，日理萬機，居功至偉。

作為大國總理，周恩來長年累月操勞國家大事，但他也愛家庭、愛親人，一有時間就從政治上關愛他們。他的這種愛，是對家人的要求比普通人更嚴格。淮安老家唯一的長者——他的八嬸解放初期兩次來京，周恩來沒有派車接送。侄兒周秉和、侄女周秉建分別在延安、內蒙古插隊，雙雙表現出色被當地群眾推薦、按正常手續先後應征入伍，周恩來耐心勸導他們還是返回原地插隊勞動。時至今日，如何面對利益關、親屬關依然是廣大領導幹部面臨的嚴峻現實問題，周總理的做法值得廣大黨員幹部深思。另一方面，他對家人生活的關心卻毫不吝嗇，侄兒周爾鎏是個孤兒，經常得到他的資助，還先後將他參與開國大典、指揮過三大戰役的兩件衣服贈予周爾鎏穿，鄧穎超也專門將懷錶送給他。與之相反，周總理身上的襯衫，縫縫補補十幾年，領口都磨破了，照樣穿著會見外賓，這對廣大領導幹部無疑是一本生動的教科書。

堅貞愛情

開滿海棠花的院落

　　在如火如荼的革命歲月中，周恩來和鄧穎超從相互認識對方，到逐步確立戀愛關係，雖然沒有"愛你到海枯石爛、天荒地老"的浪漫誓言，卻經受了無數風霜雨雪的考驗。西花廳裡一張張照片、一件件信物見證了他們同志、戰友、伴侶的深切感情。他們沒有親生兒女，卻把愛溶化在人民中間，溶化在同志之間，溶化在朋友之間，溶化在青年兒童一代。

　　"曾記否，遙想當年……我們的愛情總是和革命交織在一起。"含苞怒放的海棠花，吐豔流芳的海棠花。這是一段海棠花的自述，這是鄧穎超遲暮之年留下的一段愛情獨白。雖說已經滿頭華髮，但回憶起她與周恩來最初的戀愛生涯，儼然還是春風拂面，海棠含羞。有如新娘在婚禮上，在嘉賓好友們的要求下，介紹自己的戀愛經過。這清香流溢、芬芳如縷的訴說，使我們想到他們堅貞不渝、相愛如花的愛情歷程。

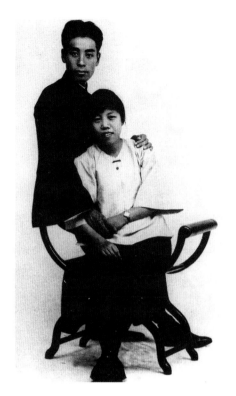

"羊城，是多麼值得紀念和回憶的地方！它是我們曾經和許多戰友和烈士共同奮鬥的地方，又是和你和我共同生活開始的地方。"鄧穎超這段話，是她對 1925 年 8 月 8 日在廣州同周恩來結婚的深情回憶。這是他們的結婚照。

革命征途千萬里，聚少離多情意長。1924 年 7 月下旬，周恩來離開法國回國，9 月初到廣州。翌年 8 月，鄧穎超由天津來到廣州。這是他們在廣東重逢後合影。

1937 年抗日戰爭爆發後，周恩來和鄧穎超代表中國共產黨，長期戰鬥在武漢、重慶等國民黨統治區。他們堅持抗戰、團結、進步的方針，為抗日民族統一戰線和國際統一戰線工作，作出巨大貢獻。這是擔任中共中央長江局副書記的周恩來和擔任長江局婦委委員的鄧穎超。

1939年7月，周恩來在延安墜馬骨折。同年8月，黨中央決定由鄧穎超陪同他赴蘇聯治療。這是他們在蘇聯時的合影。

"互敬、互愛、互助、互勉、互信、互慰、互讓、互諒"是周恩來和鄧穎超共同總結的夫妻"八互"原則，也是他們生活的真實寫照。這是1940年8月8日，周恩來和鄧穎超在重慶迎來了結婚15周年紀念日。

1943年7月，周恩來和鄧穎超在延安參加整風和中共七大的籌備工作。在黨的七大上，周恩來當選為中央政治局委員、書記處書記，鄧穎超當選為候補中央委員。這是1944年他們在延安。

開滿海棠花的院落

1946 年 5 月 3 日，周恩來和鄧穎超隨中共代表團到南京工作，在國民黨特務嚴密監視的惡劣環境中堅持鬥爭。這是他們在中共代表團駐地梅園新村 30 號院內。

1947 年春，周恩來留在陝北協助毛澤東指揮全國各戰場的人民解放戰爭。中央候補委員、中央婦委副書記鄧穎超，先後參加阜平縣農村的土地改革和全國土地會議，夫妻二人分別一年有餘，這是他們分別前在延安的合影。

1949 年 3 月，中共七屆二中全會在西柏坡召開。周恩來和鄧穎超出席了會議。毛澤東在談到即將成立的新中國中央人民政府人事安排時說：「恩來是一定要參加的，其性質是內閣總理。」

1950 年 5 月 1 日，拍攝紀念五一合照時，總理在幫鄧大姐整理服飾。

開滿海棠花的院落

海棠花是他們的愛情花,海棠樹是他們的愛情樹,生死相隨,永遠相隨。1950年,周恩來和鄧穎超在西花廳海棠樹下留下銀婚的紀念。

楓葉一片,
寄上想念。

海棠花,殷紅一葉,傳情天涯。兩心相照,四海為家。幾人解平生柔情,為蒼生,何曾惜年華。瀝肝膽,推赤誠,剪裁天下;解鞍馬,動秋思,新月斜掛。除卻深愛,只剩丹心,共有情人,說悄悄話。這是1954年5月,周恩來在日內瓦開會期間,鄧穎超從北京寄給他的楓葉。

1954年6月13日,周恩來在日內瓦收到鄧穎超從北京寄來的楓葉後,託信使給鄧穎超的回贈芍藥花,一直掛在鄧穎超的辦公室。這個鮮為人知、彌足珍貴的芍藥標本,是他們以共同信仰相通相印,以共同事業相知相愛的心靈見證。

海棠作證，情美如花。1955 年 5 月，周恩來與鄧穎超在開滿海棠花的海棠樹下合影。

他們總是這樣幸福相依，奔走勞碌。"為人民服務也就是為我們的國家，為我們的民族，為我們美好的將來，為全人類光明的前途服務"。周恩來這段話，道出了他們夫妻共同的心聲。

漣漣密雲水，綿綿伴侶情。在幾十年的風風雨雨中，他們攜手並肩，奮鬥不息。這是 1960 年 8 月，周恩來和鄧穎超在密雲水庫。

開
滿
海
棠
花
的
院
落

　　楓丹海棠紅，人間未了情。西花廳盡管已經人去樓空，但海棠樹在，海棠花在，他們的愛就在。周恩來在這裡住了二十六年，鄧穎超又在這海棠花下想了他十六年，等了他十六年。最後，他們把這個模範的家，搬到海棠花裡去了，搬到海棠樹年年開花年年追述的記憶裡去了。

　　"夫妻慶幸能到老，無限深情在險中。相偎相伴機緣少，革命情誼萬年長。"鄧穎超晚年寫給周恩來的這首詩，是他們堅貞愛情的生動寫照。這是 70 年代初，周恩來與鄧穎超同遊八達嶺。

在歷史的驚濤駭浪中，更顯出周恩來和鄧穎超夫妻加戰友的崇高境界。十年動亂中，為了黨和人民的利益，他們各以自己的方式鬥爭著。這是 1970 年 5 月 20 日他們在中南海西花廳。

在天願為比翼鳥，在地願為連理枝，如此的生死相愛故事自古不少，但海棠深處這一對同志、戰友、伴侶、夫妻的生死情愛更為悲壯。生前同住西花廳，死後共用骨灰盒。鄧穎超將以對周恩來最大的愛、最深的愛、最高的愛、和最厚的愛，也是她自己最痛苦的一件事：撒掉丈夫的骨灰，完成丈夫的遺願，用以來表達她的一次最偉大的愛。

真摯友情

　　周恩來總理秉性善良，胸襟豁達，通情達理，重情重義，黨內黨外，國內國外，都有他許許多多的知心朋友。對領袖毛澤東，他飽含深厚的革命情，堅定擁戴，畢生跟隨，至死不渝。對戰友，他肝膽相照，情深義重，親自為楊立三抬棺。對同志，他堅持原則、公私分明，從不獨斷專行、盛氣凌人，是民主政治的光輝典範，在黨內享有崇高威望。對人民，他有著火一般的熱情，經常走進老鄉的田間、地裡、炕頭噓寒問暖，不少普通人都驚歎於他過目不忘的記憶力，這恰恰說明他時刻把群眾裝在心中。對黨外人士，他胸懷坦蕩、一片真情，海納百川，從諫如流，有力爭取了李宗仁、張治中、黃炎培等名流賢士。對外國朋友，他以禮相待，求同存異，熱情四溢，不少為他的人格魅力深深折服，從一面之緣成為莫逆之交，贏得廣泛良好聲譽，是中國外交形象的光輝典範。西花廳裡一件件禮物，既見證了同志之間的純潔感情，體現了戰友之間的深切交情，也承載著跨越重洋的國際主義友誼。

　　周恩來一生崇敬、追隨毛主席，毛澤東也終身信賴、倚重周總理。周恩來為了讓全黨全軍全國各族人民了解毛主席的正確思想，鞏固毛主席黨內軍內領導地位，不遺餘力宣傳毛主席，樹立毛主席威信，不折不扣執行毛主席的路線、方針、政策，這正是周總理堅定政治信仰的突出表現。圖為西花廳擺放的毛主席半身像、周總理經常佩戴的毛主席像章和使用過的毛主席語錄。

1952 年 8 月，周恩來與毛澤東在北京先農壇體育場觀看解放軍體育運動會的比賽。

開
滿
海
棠
花
的
院
落

周恩來與陳毅等老一輩無
產階級革命家建立了深厚的革命
戰友情。這是周恩來與陳毅、宋
慶齡在西花廳合影。

周恩來特別尊重
知識分子，愛護科學
家。1950年5月，李
四光衝破重重阻力從海
外歸來報效祖國。周恩
來在西花廳接待他，高
興地說："我們國家的
地質工作沒有個掛帥的
不行啊，終於把你等回
來了。"

他是長者，是偉人，
是領導人，但他在你面前，
卻永遠是一個可依賴的、最
平等最熱情的朋友。不管你
來自東西南北中，還是工農
兵學商，他永遠是你的偉大
朋友。不要問這照片上有幸
與他合影的都是什麼人，也
不要問時間與地點，這些照
片中超越時空的是他那長存
不朽的熱忱。圖為周恩來、
鄧穎超夫婦與西花廳工作人
員的合影。

這是 1962 年，周恩來在西花廳分別會見醫學家林巧稚（左上）、緬甸友人（右上）及新華社記者（左）時握手的照片。周恩來的握手，對於國際外交來說，是改變世界的握手。對於個人來說，周恩來的握手，是一次真誠的情感交流，也是愛的呵護和愛的手拉手。

據家譜記載，周恩來和魯迅先生確屬本家，但隔得較遠。按輩份，魯迅要長一輩。1952 年，魯迅夫人許廣平到中南海周恩來家做客。周恩來很認真地對許廣平說：「我應該叫你嬸母呢。」許廣平笑笑說：「那可不敢當。」這是許廣平送給周恩來的《魯迅全集》。

上世紀 60 年代初，鄧穎超手術初癒，老舍夫人胡絜青精心繪製了一把牡丹團扇送給鄧穎超，祝她身體健康。篤重友情的周恩來和鄧穎超特意在西花廳家中照了這張照片寄給老舍夫婦留作紀念。

這是 1946 年國共南京談判期間,美國特使馬歇爾贈送給周恩來的禮物。這個公文包是手拎式的,外表為黃色,裡面左右各 3 個紅色軟皮夾袋,皮包表面印有燙金英文馬歇爾將軍贈周恩來將軍字樣。馬歇爾和周恩來談判桌上是對手,談判桌下是朋友,而且兩人的友誼很深厚。

周恩來作為卓越的外交家,本著和平共處五項原則,積極開展外交工作,團結一切可以團結的力量為新中國作貢獻,同時也與許多國家領導、友人建立了深厚友誼。圖為 1955 年,萬隆會議期間,日本友人高碕達之助送給周恩來的照相機。

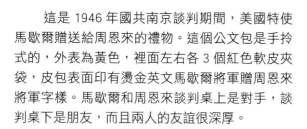

新中國成立後,共同的目標、相同的命運以及傳統的友誼,把中朝兩國緊緊地連在一起,周恩來與金日成,是情誼深厚的朋友。周恩來和金日成逝世後,金正日代表朝鮮人民送給鄧穎超同志銀製花藍,紀念中朝兩國老一輩革命家的戰鬥情誼。

周恩來曾與李富春擔任正副總理職務,蔡暢曾與鄧穎超擔任全國婦聯正副主席。中南海裡,像這樣各有正副職務、互為助手,又是終身伴侶的家庭並不多,兩個家庭建立了深厚的革命友誼。這是 1950 年,鄧穎超同李富春,蔡暢夫婦在一起。

周恩來和鄧穎超十分重視國家傳統藝術發展，十分關心文藝工作者的工作生活，多次在西花廳接待各領域藝術家。這是 1980 年，鄧穎超同戲劇界的好友、著名越劇表演藝術家袁雪芬在中南海西花廳合影。

周恩來胸懷寬闊，不計恩怨，廣交朋友，任人唯賢，關心體貼，無微不至，為中國共產黨團結了一大批人。這是 1981 年，鄧穎超在西花廳會見日本友人竹入義勝夫婦。

周恩來和鄧穎超與長期以向西方介紹中國為己任的中國特別公民和優秀共產黨員愛潑斯坦建立起了超越國界的友誼。這是 1981 年春，鄧穎超同愛潑斯坦在中南海西花廳合影。

周恩來和鄧穎超非常重視與無黨派人士的交流交往，在愛國民主人士中有著崇高威望。這是 1984 年，第六屆全國政協副主席王昆侖到中南海西花廳拜望鄧穎超。

開滿海棠花的院落

周恩來、鄧穎超和父母之間的高貴感情和深厚的愛，對於晚輩的責任感和嚴格的愛，前一輩共產黨員對後一輩共產黨員的同志之愛，這不僅僅是一種安慰，更重要的是一種鼓舞的力量。

在為共同理想而奮鬥的半個多世紀裡，周恩來和鄧穎超結成舉世無雙的無產階級革命家的愛情。無論是在烽煙滾滾的戰爭年代，還是和平建設時期，他們沒有自己的孩子，卻把深沉的愛，散播到人間，關心普天下的兒女，關心祖國的未來和人類的希望。他的愛不是簡單的生活關懷，更注重思想上教化、行動上引領。一方面，他對生活困難的親屬慷慨資助，關愛有加，另一方面，又表現的特別"不近人情"，把無限的關懷和濃濃的愛意融入到對親屬的嚴格要求之中。在他們的深情哺育下，無數革命後代長成鬱鬱蔥蔥的大樹。他提出的"十條家規"至今影響深遠，具有十分重要的警示意義。

這是周恩來、鄧穎超送給周恩來父親的照片,上面寫著"爹爹大人,翔兒、超兒"。他們還將同樣的一張照片送給鄧穎超母親,上面寫著"媽媽大人,超兒、翔兒。"

這是鄧穎超和媽媽的合影。

20 世紀 30 年代,周恩來使用的皮夾子,裡面的照片為周恩來的父親,表達了他對父親的無限思念之情,以彌補投身革命事業後"忠孝不能兩全"的愧疚。

周恩來的生母萬氏　周恩來的嗣母陳氏
(十二姑)　畫像

周恩來不滿一周歲時,他的小叔父周貽淦病危,心地善良的周貽能夫婦為了使貽淦兄弟在彌留之際得到一點安慰,就把周恩來過繼給了貽淦。兩個月後,貽淦病故,周恩來就由嗣母陳氏撫養。陳氏出身書香門第,知書達理,溫文爾雅,深遠影響著幼年周恩來的性格形成和人生道路的選擇。

其樂融融的西花廳是大家永遠的家。他們在這裡享受著愛，享受著陽光。這是周恩來、鄧穎超和工作人員的孩子們在一起。

開滿海棠花的院落

周恩來和家人共同進餐，他平時吃的家常菜很簡單，主食常吃粗糧，副食一般是一葷一素一湯，家裡來客人了，會適當加上幾個菜，這種情況實不多見。

1951年，周恩來與侄女秉德合影。

1956年春，周恩來與侄輩們在中南海西花廳。

1955年，萬隆會議期前，周恩來和弟弟周同宇夫婦及孩子們合影。

1956 年春，海棠花開時節，周恩來與弟媳王士琴及孩子們合影。

1956 年 4 月，周秉和、周秉建和伯伯周恩來合影。

1957 年，鄧穎超與侄女周秉德在西花廳前廳。

周恩來、鄧穎超與義女孫維世在一起。

1959 年，周恩來夫婦送親屬回外地時在西花廳合影。

1961 年春節，周恩來與侄女周秉德及親屬在西花廳合影。

開滿海棠花的院落

1970 年，侄子周秉鈞、周秉華與鄧穎超合影。

1970 年國慶節，鄧穎超與侄女周秉建合影。

1961 年，侄子周秉鈞參軍前與周恩來、孫維世等合影。

周恩來、鄧穎超與侄女周秉建合影。

周恩來、鄧穎超與親屬們合影。

　　著名詩人臧克家曾說：“有的人死了，他還活著，有的人活著，他卻死了。”雖然敬愛的周恩來總理已經離開了 42 年，但他依然活在人民心中。他的骨灰灑向了江河湖海，早已化為塵埃，但恩來精神卻穿越時空而不朽，讓世界領略到了恩來風采，讓政黨充溢著恩來力量，讓人民感受到了恩來溫度。翻開一張張泛黃的老照片，追尋偉人成長的足跡，我們可以清楚地看到一個經天緯地、頂天立地的大國總理背後，經歷過國與家、血與火、生與死、名與利的考驗，體現出一個真正的共產主

義者的虔誠信仰和不懈追求，彰顯出一位中華民族脊樑的遠大抱負和偉大擔當。

　　為什麼敬愛的周總理這麼值得世人懷念？習仲勳同志說：“想起在總理領導下工作的日子，想起總理為革命和建設的豐功偉績，想起總理通宵達旦地為人民操勞，我就深切懷念，心潮澎湃。”胡厥文副委員長捶胸頓首道：“庸才我不死，俊傑爾先亡，恨不以身代，淒然為國傷。”周總理把全部的心血和大愛傾注在人民群眾身上，撲在社會主義現代化建設實踐中，所以贏得了人民的高

度敬仰和深切緬懷。震驚中外的天安門廣場"四五運動"中，有一副挽聯是"民族英魂，千古一人"——這最能反映民意代表民心，是中國人民對周總理的最高評價。周總理的革命精神、崇高品質、音容笑貌，浩氣長存，永不磨滅。

料得年年斷腸日，定是歲歲一月八。1976 年 1 月 11 日，周總理的遺體送八寶山火化，首都百萬群眾自發佇立長安街兩旁，十里長街灑滿淚，哭別總理心欲碎，動人場面驚天地、泣鬼神。此時，"四人幫"倒行逆施，阻攔人民群眾開展各種追悼活動。然而，人民的意志是不可逆轉的。天安門廣場成了花的海洋、淚的世界、詩的殿堂。與此同時，各地的追悼活動依然在繼續。上海青年黃永生，為悼念周總理，升掛了一面白旗。"四人幫"的爪牙把他抓來審問，法庭上對答如流，語驚四座。你叫什麼名字？我叫悼恩來。你家在哪裡？上海灘。你是幹什麼工作的？造社會主義大廈的！你為什麼升白旗？不對，這叫悼旗，不是白旗。我看你是不到黃河心不死！我到了黃河也要遊過去。八寶山的員工懷著對周總理的深切感情，為了讓周總理平穩安全地離去，開創了活人仿照死人進火化爐體驗的先例，每當他們遇到困難和挫折時，都自豪地說："我火化爐都進過，還怕什麼？"

周公仙逝仍吐哺，年年銘記三月五。周總理逝世後，社會各界和親屬們時常來到西花廳看望陪伴鄧穎超。淮安故地、南開中學、覺悟社、紅岩紀念館……在這些周恩來曾經戰鬥過、工作過、生活過的地方，人們慕名而來，接踵而至，表達對周總理的無盡懷念與追思。每年的清明節，周恩來紀念室也花團錦簇，追思綿綿；中南海的西花廳更是成為了黨內外人士緬懷周總理的最佳場所。無論是網上網下，還是國內國外，人們以各種不同的形式表達對周總理的深切懷念和崇高景仰，在一次次歷史遺留的觸摸中，感受到周恩來的偉大與樸實，向他默默地擎上一瓣心香。

往者不可諫，來者猶可追。西花廳仿佛是一件歷史的物證，傳承了周總理的優良家風，銘刻著他對後輩們的諄諄教誨和深切關懷。在這裡，他曾經語重心長勉勵親屬過好思想關、政治關、親屬關、社會關和生活關等"五關"，還立下了"十條家規"。這些，至今對廣大黨員幹部有著深刻的教育警示意義。他和鄧穎超沒有為親屬留下任何遺產，卻留下了不竭的精神財富。敬業、廉潔、正直、無私、勤儉、樸素、博愛、平等，是周恩來精神的集中體現，他在人民心中樹立了一座永垂不朽的豐碑，為中國共產黨人留下一面光耀千秋的明鏡。

西花廳的主人雖然離我們遠去，但院落裡年年盛開的海棠花，屋子裡依然如故的簡單陳設，卻永遠地留存在人們的記憶裡。每當看到這些斑駁發黃的老物件，都會讓我們想起一幕幕往事，更加勾起對敬愛周總理的無限懷念。

開滿海棠花的院落

　　"十里長街送總理，大地悲歌心相隨。" 42 年前那個寒冷的冬日，當周總理的骨灰在夜空中灑落黃河入海口時，他的靈魂一定已經融入了浩瀚的星空，默默地注視著中華大地。雖然他生前要求死後不要立碑，但卻有無數後人自發為他寫傳、立碑。雖然他沒有留下任何遺言，卻更顯現出人格的芬芳。雖然他和鄧大姐沒有留下親生兒女，卻讓人民群眾肝腸寸斷、永存心間、思念無限。

周恩來侄女、侄女婿等親屬到西花廳看望鄧穎超。

1979 年 10 月 2 日，鄧穎超在西花廳給晚輩講 "伍豪事件"。

1979 年 4 月，周恩來侄女
周秉德攜兒子們到西花廳看望
鄧穎超。

開滿海棠花的院落

1982 年 4 月 18 日，周同宇、王士琴率家人看望鄧穎超。

1983 年 8 月 21 日，侄女周秉宜女兒任春元和鄧穎超奶奶在西花廳。

1986 年 6 月 25 日，王士琴、周秉德看望鄧穎超。

1983 年 10 月 2 日，侄女周秉德攜家人看望鄧穎超。

1988 年 2 月 5 日，周恩來侄子侄女輩來到西花廳，為鄧穎超慶祝 84 歲壽辰。

1980 年 4 月，車耀先烈士的女兒車時英來西花廳看望鄧穎超，表達對周恩來伯伯的深切追思。

1988 年 2 月，時任國家總理的李鵬在西花廳看望鄧穎超，回憶周恩來總理對他成長的幫助教育。

開滿海棠花的院落

　　周總理曾説："我們在死難的烈士前面，不需要流淚的悲哀，而需要更痛切更堅決地繼續著死難烈士的遺志，踏著死難烈士的血跡，一直向前努力，一直向前鬥爭！"無數個日日夜夜，西花廳的燈光映照著周總理晝夜不息操勞的身影，即使是生命最後時刻的最後一句話，也是為別人而説；聆聽的最後一首歌，也在詮釋著一生的崇高信仰從未變過；最後一次凝眸，也是為深愛的大地江河和你奉獻了一切的中華大地。你的崇高品格和革命精神，給了人民群眾無窮的信心和力量。我們追隨周總理曾經生活過、工作過、戰鬥過的足跡，聆聽許多周總理和鄧大姐的感人事跡，感受你們偉大高潔的靈魂，不禁想起了司馬遷的名言："高山仰止，景行行止，雖不能至，然心向往之。"

2008 年 1 月 8 日，周恩來逝世 32 周年紀念日，侄女周秉德等親屬來到周恩來紀念室祭奠總理。

2009 年 3 月 15 日，周恩來誕辰 111 周年，侄女周秉德與紀東、李清平在淮安周恩來故居憑吊。

2009 年 4 月 9 日，周恩來親屬在祖籍紹興緬懷留影。

開滿海棠花的院落

2011年1月8日，周恩來侄兒侄女等家人在毛主席紀念堂周恩來紀念室祭拜。

2011年，周恩來家人及"紅二代"等到重慶紅岩紀念館紀念總理。

2012年9月，周恩來侄女周秉德等家人到淮安周恩來童年讀書處瞻仰紀念。

2013 年 3 月 5 日，中央國家機關及周恩來身邊工作人員、親屬在西花廳組織周恩來總理誕辰 115 周年紀念活動。

2013 年 04 月，周恩來身邊工作人員和親屬在西花廳緬懷周總理。

2013 年 4 月，周恩來親屬在天津周恩來鄧穎超紀念館祭拜。

2013 年 4 月，周恩來親屬在天津瞻仰 "覺悟社" 舊址。

開
滿
海
棠
花
的
院
落

2014 年 5 月，周恩來親屬在西花廳為周總理、鄧穎超獻花。

2015 年 7 月 15 日，中央五大書記後人同在紹興周恩來祖居懷念先輩。前排：王景清、李訥，後排從左至右依次為：任弼時女婿武盛源、朱德孫媳王玲、任弼時的女兒任遠芳、周恩來侄女周秉德、劉少奇之女劉思達、周恩來侄女周秉宜、朱德外孫劉建。

2016 年 4 月清明節，周恩來親屬三代人在西花廳齊聚一堂，緬懷周總理、鄧穎超。

　　西花廳，是坐落在中南海的一個中國傳統式的小院落。最早為清朝攝政王府，末代皇帝溥儀的父親載灃曾在此居住。袁世凱任大總統期間，其國務院及以後北洋軍閥的國務院多設在這裡。這裡的曲廊、小亭、軒館、假山、荷花池一應俱全，潺潺的流水一如既往地吟唱，蒼翠的松柏在盡情地抒懷，不知名的小鳥飛來了，在海棠枝間歡樂地跳舞。共和國成立後，周總理和鄧穎超在這裡共

同生活了 26 個春秋，鄧穎超在這裡度過了 42 載春秋，直至追隨她最親密的同志、伴侶、戰友而去。

　　西花廳的四季都是美麗的。每年的二月，這裡的小草從磚縫裡探出了小腦袋，海棠樹敏感到春天的溫度，迎著凜冽的寒風，抽出了嫩芽，宣告春天的到來。少年時期的周恩來，就如同早春的海棠樹，貪婪地吸收著中國傳統文化的養份，在內心深處植下"為中華崛起而

讀書"的種子，在輾轉奔波國內外的過程中，接觸到馬克思主義，感受到中國革命春天的到來，冒著隨時為革命犧牲的風險，加入了中國共產黨，成立了覺悟社，用"思想顫動於獄中"的堅韌，揚起了革命人生的新風帆，因此也結識了鄧穎超，並確定為終生伴侶。

盛夏的陽光透過繁茂的枝椏為院落灑下了遍地斑駁，海棠花經過春天的孕育，吸足了水份，蓄足了養份，通過招蜂引蝶，開得格外明媚動人。淡淡的清香彌漫了整個院落，然後落英繽紛，開始結果，讓主人驅走疲勞，心曠神怡。青年時期的周恩來，像盛開的海棠花一樣，讓青春熱血綻放在如火如荼的革命運動中。發軔於黃埔軍校，成名於二次東征和上海工人運動，締造了八一南昌起義。在土地革命、抗日戰爭、解放戰爭期間，他展現出超強的領導才華、卓越的軍事才能和非凡的談判藝術，每每在危急關頭力挽狂瀾、化險為夷，為取得新民主主義革命的勝利、建立社會主義新中國立下了不朽功勳。

深秋的西花廳是成熟的，頭頂的天格外蔚藍，池塘的水清澈見底，遊魚戲水，落葉搖曳，鮮果飄香。壯年時期的周恩來，仿佛掛果累累的海棠樹，肩負著治國安邦的重任，日理萬機，鞠躬盡瘁。在他心中裝著四個現代化的藍圖，牽引社會主義經濟建設的強勁引擎。他領導國防科技事業，用最短的時間研製了原子彈和氫彈，讓中國人從此在世界

上揚眉吐氣。他的足跡遍及五大洲四大洋，提出"和平共處五項原則"，先後與眾多國家建立外交關係，為推動國際友好往來和世界和平事業作出了突出貢獻。在三年自然經濟災害期間，他帶頭不吃肉，深入群眾當中調研，及時調整經濟政策，和全國人民一起共度難關。日理萬機的間隙，他常常踱步到庭院中，摘幾顆海棠果嘗嘗，這時他一定感受到了果實的無比甘甜。

凜冽的寒風掠過西花廳，給池面一層層塗上厚厚的堅冰，潔白的雪花從天而降，給不染亭戴上了一頂雪白的帽子，讓這個小院落顯得更加莊嚴、肅穆。一場始料不及的文革浩劫降臨了，暮年時期的周恩來，就像庭院裡傲然挺立的海棠樹，與風雪嚴寒作最後的決鬥。面對林彪、"四人幫"反革命集團的倒行逆施，面對國內經濟建設被轟轟烈烈的紅衛兵運動衝擊得支離破碎，他臉上很難見到以往陽光般的笑容，身體也一天天消瘦下去。西花廳的燈熄滅得更晚，甚至是通宵達旦。有人說，只要看到西花廳的燈光就有力量。是的，在那群魔亂舞、顛倒黑白的年代，周總理就猶如一盞明燈，給無數黑暗中的人們燃起了生命的希望。

透過春的繽紛、夏的蔥鬱、秋的碩果、冬的潔淨，好似少年的、青年的、壯年和暮年的周恩來向我們走來，他微笑著從海棠花叢中走過，又消失在海棠花叢中。

春之續

　　春天，是播種的季節。西花廳的海棠樹在春風撫慰和春雨滋潤下，悄悄地抽枝發芽，帶來滿園春色，也送來沁人心脾花香。青少年時代的周恩來猶如春天的海棠，用稚嫩雙眼逐步認識這個世界，在目睹積貧積弱、民不聊生的舊中國後，萌發了"為中華之崛起而讀書"的遠大志向，從東渡日本尋求救國之道到遠赴歐洲加入共產主義小組，從回國後積極投身"五四"愛國運動和最終走上武裝革命的道路。共產主義的遠大願景，就如一粒春的種子，在周恩來的心中生根、發芽、開花。伴隨中國革命春天的到來，他毅然掙脫封建家庭的桎梏，堅決投身融入到大革命的洪流中，成為中國革命和共產主義運動早期領導人之一，用滿腔的激情點燃救亡圖存的夢想，讓春天的聲音傳遍千山萬水、五湖四海。

晨征肅肅訪棠園，猶有梅花著意研。共道人間春色滿，豈忘雪裡存心丹？

少年離家的周恩來在幾十年的求知、求學、求真理的人生中，都不曾回到他的故鄉，或許，在周恩來的海棠花情結之中，更多的是寄托他的遊子之情吧！

開滿海棠花的院落

"為中華之崛起而讀書"，稚嫩而有力的聲音震撼寰宇。少年周恩來猶如春季海棠花，展現出一位職業革命家奔放的激情、開闊的視野、博大的胸襟和遠大的志向！

無論哪個時代，要想成就一番事業，都必須把個人命運與國家、民族的命運緊密相連，把自己的未來和理想融入社會的現實，就像海棠只有紮根大地才能夠伸展於雲霄，只有從厚實的泥土中吸取養分才能夠枝繁葉茂，只有渴望奉獻新綠才能迎來美好的春天。

　　青年周恩來如新發芽的海棠樹一樣不屈不撓、不卑不亢。他針對日本提出的亡我中國的"二十一條"疾呼："莽莽神州，已倒之狂瀾待挽，茫茫華夏，中流之砥柱伊誰？弱冠請纓，聞雞起舞，吾甚望國人上勿負是期也。"他要求自己"想，要想比現在還新的思想；做，要做現在最新的事情；學，要學離現在最近的學問。"踏上救國之路，上下求索中，年輕的周恩來漸漸成為堅定的馬克思主義者。

開滿海棠花的院落

青年周恩來探求救國之路的遠大志向正如"十數電光,射出那渺茫黑暗的城市"。探索青年周恩來的成長道路,他的"為中華之崛起"、為"中華騰飛世界時"的熾熱而深沉的愛國主義思想,正是他奮發向上的起點和動力。

春天的海棠花姿婆娑,花開似錦,自古以來就是雅俗共賞的名花,素有"花中神仙","花貴妃"、"花尊貴"之稱,在皇家園林中常與玉蘭、牡丹、桂花相配植,構成"玉棠富貴"之意境。

"褪盡東風滿面妝,可憐蝶粉與蜂狂。自今意思誰能説,一片春心付海棠。"在確定自己的終生信仰問題上,中年周恩來是堅定的馬克思主義信仰者、革命家。在革命戰火的重大的抉擇面前,保持特別審慎的態度,是周恩來終其一生的一貫作風。

　　周總理稱海棠花為"群花"，質樸而不失豔麗，它們很團結，所以生的很茂盛。所以，他愛上了這裡的海棠，愛上了這個院落，並且一住就是 26 年。

　　十九歲的周恩來帶著尋求救國真理的心願，慷慨辭國，渡向一衣帶水的鄰邦——日本。"大江歌罷掉頭東，邃密群科濟世窮。面壁十年圖破壁，難酬蹈海亦英雄。"大氣磅礴的詩篇寫不盡青年周恩來為理想獻身的激越慷慨。

夏之蔥

　　夏天，是逐夢的季節。明媚的陽光透過鬱鬱蔥蔥的海棠樹，斑駁陸離地灑在院落裡。靜謐的西花廳，似乎在熟睡，又像在沉思，仿佛不忍打擾為中國革命和建設艱辛操勞、四處奔波的主人。周恩來總理，為了心中的強國夢，猶如一隻永不知疲倦的蜜蜂幾十年如一日，嘔心瀝血、不辭辛勞。他居功至偉，親自締造和領導人民軍隊從小到大、由弱到強的光輝歷程；他智慧超群，團結大批黨內外人士加入共產黨的陣營；他捨生忘死，多次隻身深入龍潭虎穴化險為夷；他虛懷若谷，數次力挽狂瀾扭轉乾坤卻居功不傲。新中國成立後，他居住在這個海棠花盛開的院落的同時，心裡也裝著一個文明民主、繁榮富強的人民共和國宏偉藍圖！

夏天的西花廳是海棠花
繁盛的季節。在盛開的季節
裡，滿樹的白花和紅花，芳香
四溢。海棠花雄渾多姿，雨後
清香沁脾，脫俗動人。好似中
年周恩來，盡管身兼大任，但
超凡脫俗、清正質樸。

海棠花又名斷腸
花、思鄉草，象徵遊子
思鄉，表達離愁別緒。
上海工人起義，南昌起
義，二萬五千里長征，
西安事變，重慶談判，
三大戰役……中年周恩
來在長期革命歲月中南
征北戰，輾轉萬里，戎
馬倥傯，遙思故土。

"江城地瘴蕃
草木，只有名花苦幽
獨。嫣然一笑竹籬
間，桃李滿山總粗
俗。"正如不豔不妖
的海棠，在衣著簡
樸、辛苦奔波的中年
革命家周恩來身上，
艱苦奮鬥、發憤圖強
的精神，是他永不褪
色的風采。

開
滿
海
棠
花
的
院
落

　　西花廳的夏天枝繁葉茂，美不勝收。"也知造物有深意，故遺佳人在空谷。自然富貴出天姿，不待金盤薦華屋。"周恩來的工作和居住區是簡樸的，和眾多那個時代的偉人一樣，他們的生活環境和工作環境代表著那個時代，也給那個時代打上了深深的烙印。

　　西花廳坐落在中南海的西北角，分前後兩院。前院有水榭、不染亭和盟鷗館，呈鼎立狀。院中有噴水池，靜謐優雅。

西花廳的亭榭長廊和盟鷗館。

前院的五間正房，即為前廳。後院，北為一排平房，東西為廂房，組成一典型的四合院。

1949年11月，周恩來、鄧穎超從中南海的松壽齋東廂房遷到西花廳居住，至1976年周恩來去世、1992年鄧穎超去世，居住時間達42年。

夏天，驕陽似火，垂柳依依，西花廳因為有了水景的點綴，帶來了絲絲清涼。周恩來總理畢生為黨和人民的事業傾注心血，奉獻大愛，給人民群眾帶來了光明和希望，贏得了廣大尊重和景仰。

周恩來、鄧穎超對西花廳的一草一木、一磚一石，都飽含深情，他對身邊工作人員也是寬嚴相濟，既隨時受到教育，也感受到溫暖。

秋之韻

開滿海棠花的院落

  秋天，是收獲的季節。海棠樹碩果累累，鮮美多汁，讓人們盡情地品嚐收獲的甘甜。雖然遠離了鐵馬冰河、炮火硝煙的歲月，晚年的周恩來總理來不及在海棠樹蔭下欣然入夢，工作的繁忙甚至由不得他過多地留戀園中美景，哪怕是好好地睡上一覺宿。在擔任國家總理26年的時間裡，他為民族振興、國家富強竭誠付出心血和精力，源源不斷把養料輸送到四面八方，結出連續中國四個現代化建設的碩果，並讓中國好聲音名揚四海。在西花廳，雖然周總理每天只睡三四個小時，但他的腳步總是那麼歡快，笑容總是那麼親切，神態總是那麼風度翩翩。他與毛澤東等老一輩無產階級革命家一起，領導了我國的社會主義革命和建設。周恩來為中華民族的振興和國家的繁榮富強，鞠躬盡瘁，貢獻了畢生精力，建立了卓越的功勳。

西花廳秋天的美是成熟的——它不像春那麼羞澀，夏那麼坦露，冬那麼內向；是理智的——它不像春那麼嫵媚，夏那麼火熱，冬那麼含蓄。

秋天的美也是堅強的，不像春那樣柔弱、夏那樣狂熱、冬那樣冷靜。建國初期，周恩來積極領導工業化建設、完善工業化目標，提出"建設現代工業國"，逐漸萌發了"四個現代化"構想，為豐富和發展毛澤東思想作出了重要貢獻，對新中國現代化探索起到了奠基性作用。

秋，不是常説是金色的嗎？的確，她給海棠樹帶來了豐碩的果實。正如建國後的周恩來，為保護中國人民的勝利果實，為把中華民族引上富強之路，在西花廳運籌帷幄、嘔心瀝血，他是當之無愧的中華人民共和國締造者之一。

開滿海棠花的院落

雨徑綠蕪合，霜園黃葉多，西花廳是人與自然唯美和諧的統一。周恩來作為新中國現代化建設事業的主要開拓者和奠基者，從計劃生育、興修水利、植樹造林、保護環境等四個方面加速推進，齊頭並進，更好地達到人與社會的和諧、人與自然環境的共容共生，充分體現了我們黨以人為本、執政為民的理念。

雖然寒霜降臨，可青松還穿著碧綠碧綠的長袍，顯得更加蒼翠。建國之初，災害頻仍，商品緊缺，物價飛漲，國家經濟形勢嚴峻。周恩來堅持從實際出發，親自領導經濟政策的制定，有力地穩定了經濟形勢，促進經濟恢復工作的全面展開和順利進行。

秋天的西花廳，這裡的天空很藍、雲很白，海棠樹是金黃色的，池塘是碧綠色的。周恩來總理卻無暇顧及美景，為推進新中國的政治、經濟、工業、農業、外交事業日夜操勞耕耘。

秋風拂過，黃葉紛飛，吹皺一池秋水。周恩來總理工作之餘，常常徘徊於亭台樓榭，放鬆心情、舒展筋骨，讓滿院的秋韻激發靈感、點燃激情。

冬之潔

　　冬天，是休眠的季節。西花廳的海棠樹雖然落葉歸根，但枝幹遒勁，蘊含著巨大的能量。面對風霜雨雪的洗禮，它冷峻堅強、不屈不撓，正如英國著名詩人雪萊所言，嚴冬已經降臨，春天還會遠嗎？越是到了生命的最後關頭，周恩來總理越是清醒地認識到，自己正擔當著承前啟後的使命。面對史無前例的文化大革命，暮年的周恩來把責任和擔當扛在雙肩，用激情和熱血灌注病軀，猶如一棵擎天大樹，傲然挺立，苦撐危局，維持黨和國家機器的運轉，撐起飄搖動蕩的政局；更像一位歷史巨人，矗立於天地之間，扶大廈之將傾，挽狂瀾於即倒！

　　天寒地凍，冰天雪地，寒風凜冽，冬陽乏力，空氣似乎也要凝固起來，但西花廳從來都是一片緊張繁忙的景象。

　　初冬的海棠樹不畏嚴寒，不懼冬雪，傲然挺立於西花廳的園林徑旁。文革中的周恩來忍辱負重，與林彪、"四人幫"展開了堅決鬥爭，保護了一大批黨的領導骨幹、民主人士、知識分子和老同志，為黨和民族的偉大復興保留了國之棟樑。

海棠又名梨花海棠，屬於薔薇科，為落葉小喬木，喜陽光，不耐陰，有較強的耐寒和耐乾旱能力。周恩來在內憂外患下，始終堅忍不拔、不屈不撓，努力維護黨的團結和國家的完整統一，維護中國社會最低限度的正常秩序，維護中國的國際形象。

開滿海棠花的院落

冬日裡，西花廳的一草一木都甘於寂寞，嫵媚脫俗，淡泊名利，無私奉獻。它們不因沒有彩蝶纏繞而失落，亦不為沒有蜜蜂追隨而沮喪，更不似那水性柳絮隨風舞，也不學那輕薄桃花逐水流，而是無私、無怨、無悔地默默綻放於嚴寒之中，給人們的生活帶來歡樂和美的享受。周恩來總理始終從國家、人民和民族的利益出發，以其博大的胸懷對黨和人民的忠誠、智慧，管理著國家的事務，始終抓緊和推動工農業生產，在動蕩的年代裡保證了廣大人民群眾的最基本的物質生活需要。

　　飄零的雪花為西花廳院落披上了厚厚的羽絨衣，灰蒙蒙的天空似乎也明朗起來，天地完全融合在一起，好一派銀裝素裹世界！在生命的最後關頭，周恩來解放和安置了大量老幹部，為第二代領導集體糾正"左"傾思潮及實施改革開放奠定了組織基礎和思想基礎。

開滿海棠花的院落

1972 年 5 月，周恩來在檢查身體時發現尿中有癌細胞，隨後被確診為膀胱癌。1974 年 6 月 1 日中午，周恩來到辦公室整理了一會兒文件，向秘書交代了一些工作，然後站在汽車旁佇立良久，對這個工作和生活過 25 年的院落看了又看，凝視不語，這是他最後一次離開西花廳。但在 305 醫院住院期間，曾回來看了看。

後 記

我清楚地記得，1976年1月8日那個寒冷的冬日。凜冽的北風、陰沉的天空和沉悶的政治氣氛，壓抑得讓人透不過氣來。

那時的我，正讀高中二年級。當播音員低沉哀傷的聲音，伴隨著陣陣哀樂從高音喇叭中播出周恩來總理逝世的消息時，我正在參加縣體育館建設工地的義務勞動。人們被這突如其來的噩耗驚呆了，四周陷入了死一般的寂靜，待他們從驚詫中回過神來，我看見有人開始掉淚，然後有更多人的開始哭泣。一種無法言傳的悲傷籠罩在建設工地上。

雖然，十五歲的少年稚嫩懵懂，不諳世事，但周恩來這個名字連同他慈祥俊朗的形象，就這樣銘刻在我年少的腦海裡，揮之不去。

18歲時，我有幸來到了解放軍總政治部服役。特別是從軍事院校畢業分配到了總政宣傳部宣傳局工作後，為我日後學習研究周恩來總理光輝業績和革命精神提供了許多有利的條件和機會。於是，從上個世紀90年代中期，我開展對周總理的學習研究，時間跨度20多年，幾乎涵蓋了我的青中年時代，接觸了大量與我一樣崇拜周總理的領導和他身邊工作人員及親屬，我發現他們是一個品德高尚的群體，是我們民族的優秀兒女，他們不斷地對我言傳身教，給了我很多思想和政治上的幫助。我立志向周總理學習，成為他們中間的一員。有一天，我驚奇地發現，我的這些經歷，成為了我人生中最美麗的邂逅，給了我豐厚的精神滋養，我的內心慢慢地變得強大，並伴隨著我走過了很多崎嶇的路，也戰勝過不少困難和邪惡。我覺得，不論是在順境中，還是在逆境裡，一個人只要心裡有信仰，背後有人民，手中有真理，身上有正氣，就能克服一切困難，去實現報效祖國，服務人民的理想。我時常在冥冥之中，感覺到周總理在天上看著我，給我鼓勵和鞭策。

萌發編印大型畫冊《開滿海棠花的院落——永遠的周恩來》的念頭，源於周總理百年誕辰時，我有機會進入西花廳拍攝了不少室內和亭台樓閣及風光照片。2018年3月5日，適逢周恩來同志誕辰120周年之際，將畫冊付莘出版，既是了卻多年的心願，也是為敬愛的周總理擎上一瓣心香。在此，衷心感謝關心關注這本畫冊編輯出版的原軍委領導、周恩來總理親屬、周恩來研究專家和周恩來身邊工作人員。此外，北京鉅華東鼎投資管理有限公司董事長吳輝先生對敬愛的周恩來總理十分崇敬，大力傳播紅色文化，為本畫冊的編輯出版給予鼎力資助，並付出了大量心血，在此一並感謝。

廖毅文

二零一八年三月五日